U0484015

非凡非遗

黄晓丽 主编

江苏凤凰文艺出版社
JIANGSU PHOENIX LITERATURE AND ART PUBLISHING

DONGGUAN

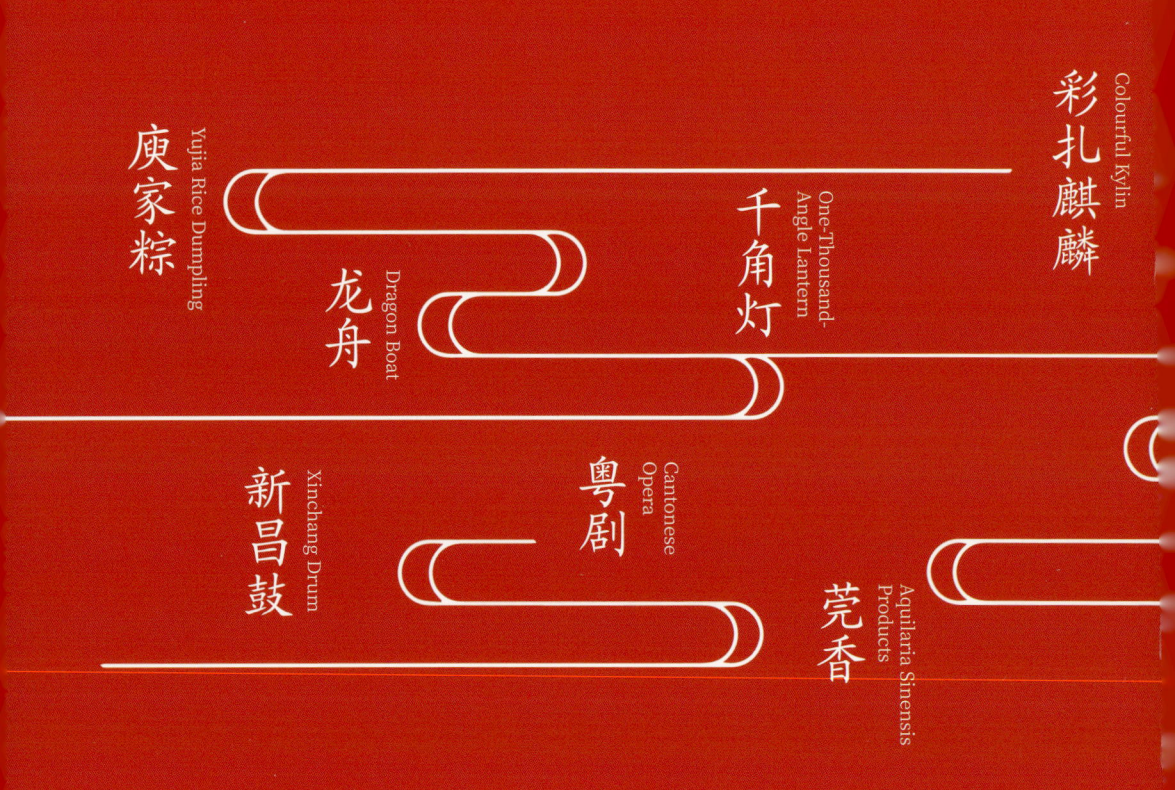

庾家粽 Yujia Rice Dumpling

龙舟 Dragon Boat

千角灯 One-Thousand-Angle Lantern

彩扎麒麟 Colourful Kylin

新昌鼓 Xinchang Drum

粤剧 Cantonese Opera

莞香 Aquilaria Sinensis Products

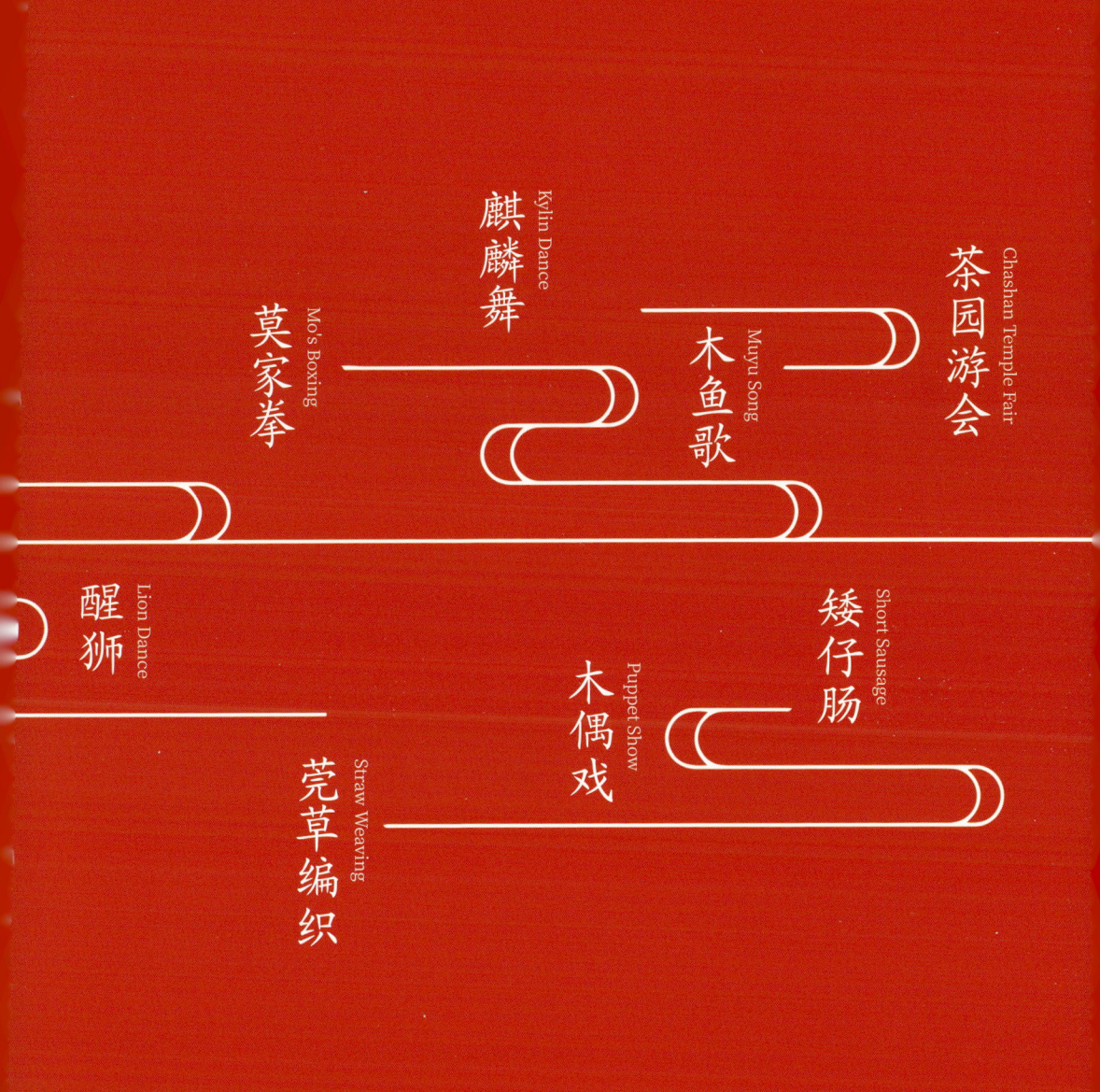

茶园游会	Chashan Temple Fair
麒麟舞	Kylin Dance
木鱼歌	Muyu Song
莫家拳	Mo's Boxing
醒狮	Lion Dance
矮仔肠	Short Sausage
木偶戏	Puppet Show
莞草编织	Straw Weaving

PREFACE
序言

  非物质文化遗产是一个国家和民族的灵魂。它记录了人类社会的重要特征，包含了世界各民族的文化基因、精神特征、价值观、心理结构、气质和情感等核心因素，是全人类的共同财富。

  东莞，是岭南文明重要的发源地、中国近代史开篇地、改革开放先行地，自古以来人文荟萃，农业、商贸业发达，自然而然留存了一批具有当地文化特色、反映先民生活习俗的非遗项目。如今，东莞拥有国家级非遗代表性项目10项，省级以上非遗项目54项，市级以上非遗项目167项，涵盖传统美术、传统技艺、传统舞蹈、曲艺、民俗等众多类别。东莞千角灯、龙舟制作技艺、樟木头舞麒麟、木鱼歌、赛龙舟、麒麟制作、莞香制作技艺、寮步香市、茶园游会、莫家拳等莞邑非遗项目传承数百年，熠熠生辉。

  文化遗产的背后，承载着文化自信，也彰显着文明的无限魅力。习近平总书记对非遗有着深厚的情结，到各地考察调研期间，多次对当地富有特色的非遗热情点赞。他强调："要加强非物质文化遗产保护和传承，积极培养传承人，让非物质文化遗产向外传递更加不凡的文化力量。"

  感受东莞非凡的非遗，我们仿佛畅游于灿烂的中华文明长河之中，看到昔日木鱼歌漂洋过海在海外大受追捧的盛况，见到莞香行销海内外，岁售逾数万金的胜景，聆听东莞非遗传承人的故事，我们仿佛伸手便可触摸到绵延千年的东莞城市文化的肌理，千角灯、木鱼歌、赛龙舟、舞麒麟、唱粤剧、品莞香，千百年风华流转，一代代薪火相传，东莞刻下属于自己精神文脉的文明印记，那些遍布在民间的非遗早已成为一种特殊的文化载体，它们像是一台时光的放映机，记录下了地域与文化的变迁，以一种特殊视角验证着东莞文化的多元与包容。

如今，丰富多彩的东莞非遗走过悠久的历史，连接现代生活，焕发新的生机与活力。大到片区，小到村和社区，每个地方都有自己的资源禀赋，非遗传承见人见物见生活，引起了百姓的强烈共鸣。到了水乡，人们会两眼发光地说："我祖祖辈辈都划龙舟，我从小就是看着龙舟赛长大的。"到了山区，人们会自豪地说："我们从小看舞麒麟长大的，舞麒麟象征着吉祥、热爱和平。"

实现文化传承的最佳方式，莫过于让其不断地再生产。近年来东莞在做好传承的基础上，发力"盘活"非遗，推动非遗创造性转化、创新性发展。千角灯传承就是这样一个例子。依靠口述传承下来的千角灯，如今不仅通过纪录片、非遗课程、非遗进校园等途径

DONGGUAN

得到很好的传承保护，还以非遗文创的方式入市销售，作为工艺品和收藏品走进千家万户。

非遗是以人为本的活态文化遗产，核心是"人"，载体是"生活"，传承人与非遗技艺相互成就了各自的非凡，并在与时俱进中绽放出更加迷人的光彩。今天，东莞已经站上"万亿GDP、千万人口"的新起点、新赛道，更加需要留住城市记忆，更加需要非遗在可持续发展中拓展传播边界，反哺城市高质量发展。

为此，本书通过寻访传承人，向人们展示东莞非遗的独特魅力，书中对于传承人故事的撰写不仅记录他们的生平，展示其记忆、智慧和所掌握的非遗技能，更力求挖掘蕴含其中的传统美德和人文精神，让非遗继续在活态流变中成为东莞文化强市建设的新动能。

非遗，跨越千年历史长河走向未来，一代代传承人守正创新、赓续薪火，他们正是中华文明生生不息的核心与根本。以此观之，东莞非遗活态传承的使命也有了更高一层的不凡意义。

黄晓丽

东莞市文化馆党支部书记
东莞市文化馆馆长
东莞市非遗保护中心主任
研究馆员

PREFACE

Intangible cultural heritage is the soul of a country or a nation. It documents the key aspects of human society, including the core elements like values, emotions, temperament, cultural genes, spiritual traits, and psychological structure, and is the common wealth of all mankind.

Dongguan is considered the birthplace of the Lingnan civilization, the start of modern China, and the pioneer of reform and opening up. It has been a cultural hub since ancient times, and has seen prosperity in agriculture, business, and trade. Naturally, it preserves a variety of intangible cultural heritages that reflect local culture and the lifestyle of the ancestors. Dongguan is home to 10 intangible cultural heritages at the national level, 54 at or above the provincial level, and 167 at or above the municipal level, spanning a wide range of categories, including traditional fine art, traditional skill, traditional dance, opera art, folk custom, etc. One-Thousand-Angle Lantern, Dragon Boat Making, Kylin Dance, Muyu Song, Dragon Boat Racing, Kylin Making, Aquilaria Sinensis Products, Liaobu Aquilaria Sinensis Market, Chashan Temple Fair, and Mo's Boxing are outstanding instances of custom that have been carefully maintained for centuries.

Cultural pride and the endless allure of civilization are highlighted by cultural heritage. General Secretary Xi Jinping has repeatedly expressed his admiration for intangible cultural heritage while inspecting different locations. He emphasized that "it is essential to strengthen intangible cultural heritage preservation and inheritance, actively cultivate inheritors, and allow intangible cultural heritage to transmit more extraordinary cultural power to the outside world."

A grand tour of Chinese civilization can be experienced by visiting Dongguan's incredible intangible cultural heritage. We recall a time when Aquilaria Sinensis Products were in great demand both domestically and internationally, and Muyu Songs were sought after in other countries. An immersive touch of the texture of the age-old city can be had in Dongguan by listening to the inheritors of intangible cultural heritage tell their tales. We observe how the One-Thousand-Angle Lantern, Muyu Songs, Dragon Boat Racing, Kylin Dance, Cantonese Opera, and Aquilaria Sinensis Products came to represent the essence and imprint of Dongguan. Similar to movie projectors, they vividly depict how places and events change while effectively supporting Dongguan culture's diversity and inclusivity from a unique viewpoint.

The vibrant intangible cultural heritages of Dongguan have endured a long history, blended with contemporary life, and been revitalized with fresh vitality. Every location, from major communities to tiny villages, has its own resources that are naturally incorporated into the lives of the locals. People in water towns will often boast, "My ancestors have been rowing for generations, and I have been fascinated by the Dragon Boat Race since childhood," as their eyes light up. People in the mountains will proudly declare,"I grew up watching Kylin Dance since childhood, which represents good fortune and a love of peace."

Maintaining constant reproduction of a culture is the best way to pass it on. Dongguan has worked hard in recent years to "revitalize" the tradition and support creative transformation and inventive development while doing a good job of preserving intangible cultural heritage. One such illustration is the One-Thousand-Angle Lantern. Before, the techniques were passed along verbally; now, there are documentaries, courses, and school initiatives. They are also well-liked by consumers as handicrafts or souvenirs.

With "people" at their core and "life" as their carrier, intangible cultural heritages are alive. As time passes, the inheritors and the heritages enhance one another and grow more endearing. With a GDP of over $1 trillion and a population of more than 10 million, Dongguan needs to honor its legacy. The city's high-quality growth is anticipated to be nourished by its intangible cultural heritage.

By speaking with its inheritors, this book demonstrates to readers the one-of-a-kind charm of Dongguan's intangible cultural heritages. You will be struck by the memories, wisdoms, skills, virtues, and spirits of those who share their life experiences with you. The course of dynamic development is naturally becoming a new impetus to build Dongguan into a culturally prosperous city.

Intangible cultural heritage, spanning thousands of years of history, is marching towards the future. Generations of inheritors have been passing the baton, and they are the heart and soul of the endless vitality of Chinese civilization. From this perspective, keeping Dongguan's intangible cultural heritage alive has a higher level of significance.

Huang Xiaoli
Secretary of the Party Branch and Director of the Dongguan Culture Center
Chair and Research Fellow of the Dongguan Intangible Cultural Heritage Preservation Center

CONTENTS
目录

寻根

壹

Chapter 1: Finding the Roots

003 **千角灯**
传承千年的中国灯火
One-Thousand-Angle Lantern
A millennium-old Chinese fire

015 **彩扎麒麟**
传承东莞文化图腾
Colourful Kylin
The cultural totem of Dongguan

027 **莫家拳**
武以载道
Mo's Boxing
The tenets of martial arts

守艺

贰

Chapter 2: Preserving the Techniques

039　**矮仔肠**
舌尖上的东莞：
一根"矮仔肠"里的烟火人间
Short Sausage
A bite of Dongguan

053　**庾家粽**
历尽沧桑的母亲的味道
Yujia Rice Dumpling
Mom's specialty

065　**新昌鼓**
回响不绝的百年余韵
Xinchang Drum
A century of soundwaves

077　**莞香**
香飘天地外，神守山水间
Aquilaria Sinensis Products
The long-lasting fragrance, the blessed land

089　**莞草编织**
一根草编织出来的诗性生活
Straw Weaving
A poetic life weaved by straws

唱念 — 叁

Chapter 3: Singing the Hearts

101 **木偶戏**
生旦净丑，戏剧人生
Puppet Show
Life is a drama

111 **木鱼歌**
漂洋过海的莞邑绝唱
Muyu Song
Melody has no borders

123 **粤剧**
粤剧传承，铿锵前行
Cantonese Opera
Solid steps ahead

INTANGIBLE CULTURAL HERITAGE CONTENTS

赓续

— 肆 —

Chapter 4: Reliving the Legacies

133 **麒麟舞**
麒麟舞里的岁月如歌
Kylin Dance
A tale of time

143 **龙舟**
龙的传人，舟的魅力
Dragon Boat
Legacy of the Dragon, Magic of the Boat

155 **茶园游会**
一场春季的流动盛宴
Chashan Temple Fair
Getting festive in spring

165 **醒狮**
鼓声起，雄狮跃
Lion Dance
Jumping to the beat of the drum

DONGGUAN

INTANGIBLE CULTURAL HERITAGE

寻根

壹

他们埋首于非遗，
通过记忆和口述寻找丝丝缕缕的线索，
让失传的技艺得以保存和光复。
寻根的路上，
亦是一次对传统文化的追溯和致敬……

千角灯

QIAN JIAO DENG

张树祺 国家级非物质文化遗产项目代表性传承人

QIANJIAODENG
千角灯

传承千年的中国灯火

"我收这些徒弟，给他们做这个千角灯，我就希望他们好好学习，再传给别人做，下一次的千角灯就是他们做的了。"千角灯传承人张树祺如是说。

提到灯，你会想到什么？节日彩灯的热闹，孔明灯的飘袅，还是《红楼梦》中琉璃绣球宫灯的精巧。我相信，如果你亲眼见过东莞的千角灯，一定会为它的美丽繁复所震撼，不禁想离得更近一些，细细观赏，这样才不会错过那些彩绘装饰的细节。

东莞灯彩作为传统节日的常规元素，早已融入了东莞市民的日常生活中。民国时期东莞诗人杨鹤宾的《东莞竹枝词》赞曰："一灯千角庆元宵，赵氏天潢衍宋朝。但愿灯花来报喜，三年抱两饮灯烧。"可见，在东莞人心目中，哪里有千角灯明，哪里就充满着添丁纳福的吉庆色彩。

历史与工艺

每一项非物质文化遗产背后，都有深厚的历史渊源和文化内涵，千角灯也不例外。在浩如烟海的往事中，关于千角灯灯带的传说最为美丽神秘。相传千角灯原为东莞赵家所独有。东莞赵氏为宋帝皇族，宋英宗生父濮王允让之后，南宋迁莞。相传，元初赵家开始扎制千角灯，配灯之灯带共24条，为皇姑所绣。千角灯每10年扎制一次，悬挂在赵氏宗祠，作为皇裔赵氏家族新添男丁开灯仪式所用。

东莞千角灯附有灯带24条，上绘有花鸟和《二十四孝》故事的图案。该灯为纸扎工艺，整个灯分为灯顶、灯柱、灯体、灯带、灯尾5个部分。灯顶部分主要是用铁丝扎作八条立体彩龙的骨架和圆形的大宝顶。灯体部分则主要是由三角形和四边形的立体结构拼接而成。灯顶八大角上有八条呈立体腾飞状态的彩龙，八角中每个角有三条灯带垂下。灯带从上往下分为七格，每一格双面都绘有山水、花卉、人物等图画。千角灯的灯体结构，有200多个大小不等的浮凸立体等边三角形、四边形、长方形和梯形。

近千年来，千角灯不断重做，但24条灯带却依然是宋代皇族的遗物，也一直由皇裔赵家所珍藏。不幸的是，相传为皇姑所绣的灯带在20世纪60年代不幸被毁坏，让这富丽华美的千角灯留下了永久的遗憾。又因为其制作工艺并无图纸，也无样本留传，千百年来，这门技艺全靠师徒之间口传心授，其间几近失传。

INTANGIBLE CULTURAL HERITAGE

005

千角灯

传艺与传灯

张金培出生于1920年，卒于2009年，他在过世前把儿子张树祺叫到病榻前，留下遗愿："阿祺，你一定要把千角灯做下去，不然就没人做了！"张树祺当年已经58岁，但他毅然从父亲手中接下了这门寄托着几代人的热爱与坚守的技艺，也接过了那盏传艺的心灯。

当被问及为什么在年近花甲决定投身这项也许前途未卜的事业时，张树祺坦言，他从小看着父亲做灯，那时只知道一盏灯要做好久好久，枯燥且十分熬人。而现在他也像父亲当年一样，一边做灯一边念叨着"千角灯，千角灯，一千个角，一千盏灯"。也许在他心中，只要千角灯还在，就代表着广府文化的香火不绝，也代表着父亲生命的延续。

张树祺告诉我们，千角灯工艺上的严谨精良暗合了中国人民千百年来不朽的工匠精神，千角灯的内涵更是蕴含了中国人民对繁衍传承的美好期盼，它不仅是灯饰工艺品中的绚丽奇葩，也是传统文化的具象表现。

2018年，张树祺被认定为第五批国家级非物质文化遗产项目代表性传承人。从传灯人到传艺人，张树祺把守护和传承千角灯作为自己的毕生使命。

挖掘与抢救

　　2004年，广东省东莞市莞城区委、区政府为挖掘莞城传统文化，组织有关专家、学者商讨编写《莞城千年文化》一书。在听取了关于东莞独有的民间"绝活"千角灯正面临失传的汇报后，政府给予了高度重视，有关方面专程寻访民间老艺人，并成立制作千角灯工作小组，拨下专款，组织老艺人抢救制作千角灯。

　　在这次千角灯抢救行动中，张树祺便是千角灯抢救制作的主要成员之一。为了让千角灯在40年后得以复苏，张树祺颇有魄力地提议重新扎制千角灯。经过近8个月的努力，千角灯终于在2004年8月中旬，由张金培、尹全和张树祺制作完成，以精致的做工和巧妙的结构清晰地呈现在世人面前。

2015年，张树祺不顾高龄，带领家人开始制作新的千角灯。张树祺负责扎制骨架，大妹妹负责通花，另两位妹妹负责粘贴，张树祺母亲负责后勤（24条灯带，则由莞城画家共同绘制）。他们夜以继日地工作，即使炎炎夏日汗流浃背，也丝毫不敢放松。有些细节模糊了，张树祺就殚精竭虑、精雕细琢，力求完美地复制经典。

这盏千角灯的制作历时10个月，于2016年3月在东莞市非物质文化遗产展示厅亮相。其体积比2004年制作的，现悬挂于莞城报告厅的那一盏更加庞大，为现存三盏千角灯之最，是名副其实的"中华第一灯"。

2018年4月中旬，央视摄制组来到东莞莞城，连续拍摄9天，记录千角灯传承人张树祺和徒弟们的扎灯过程。12月7日，《探索·发现》之手艺第八季《莞灯千角》在CCTV-10科教频道播出，该纪录片精心记录了千角灯的制作过程以及手艺人坚守的故事。《探索·发现》拍摄团队的李牧祎导演表示，拍摄前后期都了解到东莞千角灯的保护和传承工作做得很完善，这集纪录片作为记录国家非遗珍贵的影像资料收藏在国家图书馆。

在整个探索过程中，我们才逐渐拼起千角灯历史传承的全貌，了解"中华第一灯"背后那流传千年的传奇。

INTANGIBLE CULTURAL HERITAGE

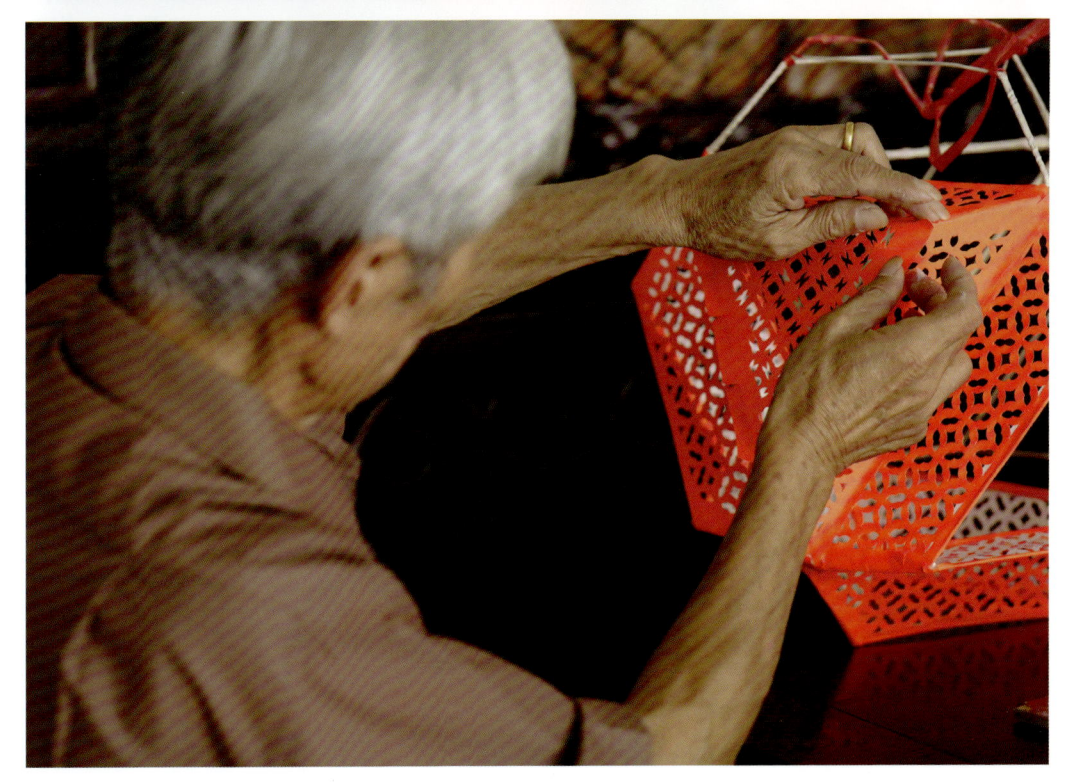

千角灯传习所学员手工花灯展

INTANGIBLE CULTURAL HERITAGE

011

DONGGUAN

东莞非遗展厅内的千角灯

INTANGIBLE CULTURAL HERITAGE

013

东莞
千角灯
制作工艺
Workmanship of Dongguan's
One-Thousand-Angle Light

彩扎麒麟
CAI ZHA QI LIN

黄素明 国家级非物质文化遗产项目代表性传承人

CAIZHAQILIN
彩扎麒麟

传承东莞文化图腾

　　"相传，孔子出生的那天，麒麟口含一本玉书，送至床前。孔子得此玉书，勤思苦读，终成圣人，并教化子民，使中华民族文化得以延续。一向重视教育、崇尚文明的客家先辈就把麒麟当作传播文明的圣物加以崇拜。"

　　2017年3月中旬，古色古香的清溪镇迎来了南方卫视《潮流假期》摄制组，在这个"三山环镇、五水拥城"的东莞最美小镇中，他们探寻着麒麟制作艺术的袅袅古韵。

　　来到这里之前，在他们的认知中，传承国家级非物质文化遗产的工坊中会有一个团队，老师傅正襟危坐，徒弟们在师傅的严格指导中忙碌着。到了这里他们才发现，工坊中扎麒麟的只有黄素明老人自己。据黄素明老人讲，从孩提时起他就帮着父亲扎麒麟，时至今日已50年有余。

麒麟制作历史溯源

　　西晋末，晋室南渡，建都建业（今江苏南京），大量士族和百姓跟随至南方，史称第一次"衣冠南渡"。直到抗日战争时期，这样逃离战乱从北方来到南方甚至香港定居的"衣冠南渡"已历数次。南渡家族中有一支定居在东莞南部的清溪镇，成为我们熟知的客家人。银屏山峰峦叠嶂，溪水清澈如镜，孕育出独特而丰富的客家文化。明末清初兴起的麒麟舞，则是堪称客家文化根脉的艺术形式之一。

　　清朝咸丰年间，清溪人黄娇将麒麟制作技艺从惠阳带回清溪，在利和墟开了清溪第一家制作工坊"高华麒麟"，第二代传人黄留麻则是将"高华麒麟"推上历史巅峰的人物，黄留麻在麒麟制作材料以及麒麟的脸谱、色彩和双目角度等方面进行了改进，配制出独有的专用樱糊和薄纱，做出的麒麟不仅色彩艳丽，而且比同体积的麒麟轻0.5千克。由此，"高华麒麟"成为清溪最负盛名的麒麟制作工坊。

麒麟制作技艺非凡

　　清溪麒麟舞，是一种将南北文化相结合并逐步形成的图腾舞蹈，因其有增福添寿、吉祥和平的象征而为百姓所钟爱，成为一种在清溪节庆活动中表演的民众喜闻乐见的民间艺术形式。

　　历史变迁，战乱烽火，在一次又一次重创之下，清溪麒麟舞不复当初盛景，麒麟制作技艺也一度中断。等到麒麟制作再次进入人们视野的时候，全国的麒麟制作工坊就仅剩"高华麒麟"一家，到了黄素明这辈已经传承五代。

　　"高华麒麟"的非凡之处在于麒麟的每一处纹样都显示出文化传承和文化寓意。"高华麒麟"的麒麟头位置有"高华造利和"字样，代表黄素明祖辈在利和创办了一间"高华麒麟"制作店的历史来源。头上的"福"字，是寓意麒麟能为凡间带来幸福，背后的龙鳞表示身为中国古代四大瑞兽之一的麒麟，鼻子、嘴巴、耳朵、麒麟角也都是仿照龙的形象来设计，最妙的是模仿鱼刺设计的脊骨，能让麒麟在视觉上呈现出飞舞的效果。"高华麒麟"外形所绘制的图案与麒麟的传说有很大关系。比如传说中的麒麟能给凡间积福，为百姓带来富裕生活，给人间带来优美的自然环境，所以"高华麒麟"头相应绘有元宝、蝴蝶、菊花、牡丹、桃花等色彩鲜艳、细致生动的图案。又有一说是麒麟在春夏下凡且是吃青的灵物，因此喜欢凡间花草，所以艺人就用花草、蝴蝶来妆点麒麟的身体，让麒麟的形象更加生动有趣。这些设计让"高华麒麟"在还原麒麟自身的神性之外更富有凡间生活的亲民气息。

　　为了将如此纷繁复杂的元素绘制于麒麟一身并使色彩搭配和谐美观，"高华麒麟"用色共有红、黄、蓝、白、黑等，每一位麒麟制作艺人都将如何选色和调色视为自家的独门秘方，不得外扬。麒麟画好后，需要待颜色自然干后方可进行上油工序。安装饰物是麒麟头制作的最后一道工序，传说中麒麟头的形象为龙头，因此黄家"高华麒麟"在安装花球、金属片、彩带、兔毛、马尾等饰物时，也有意采用一些材料安装在麒麟头上，力求形象与龙头贴近。

INTANGIBLE CULTURAL HERITAGE

国家级非遗传承人黄素明在制作麒麟

麒麟制作艺术的灿烂光华终究不会被历史的尘埃掩盖，在20世纪80年代，东莞重新组织起几百支民间麒麟队，停滞了30年的麒麟制作才得以复苏并焕发出新的光彩。如今，清溪麒麟制作仍坚持全部流程以手工完成，为了适应市场的需求，麒麟制作艺人们在传统"高华麒麟"的样式基础上又多贴了一层镭射纸，让它配合舞台表演时，在灯光照射下折射出五彩斑斓的光芒。

　　"高华麒麟"工艺讲究，注重构图，彩绘精美，具有较高的艺术观赏价值和收藏价值，因竹艺精、画艺精、造型特别、色彩鲜艳而享誉全国并远销欧美、东南亚国家和中国港澳等地区，其中一只被中国驻奥地利大使馆作为珍品收藏。

　　2014年，"彩扎（麒麟制作）"被列入国家级非物质文化遗产代表性项目名录。2018年，黄素明被认定为第五批国家级非物质文化遗产项目代表性传承人。和黄素明"高华麒麟"世家一样，清溪铁松村的黄鹤林、黄辉航，松岗村的张影明，大利村曾东盛等都是麒麟制作这项民间工艺的传承人。

麒麟制作开枝散叶

　　竹制作瑞兽，延续乡俗情，清溪与香江，结缘一麒麟。香港回

清溪麒麟

归之后，随着两岸三地交流愈加深入，"高华麒麟"从清溪传入香港，在工艺上延续了"扎扑写装"的广府传统技巧。每到节假日，香港上水古洞村村口的扎作展馆前总是人声鼎沸。作为目前香港仅存的几位麒麟扎作技师之一，几年前，冒卓祺自掏腰包在这里搭建了一间小展室，展出自己和学生的作品，旨在推广传统扎作文化。

冒卓祺19岁入行，如今已成长为业内首屈一指的斫轮老手。他坦言，扎作技艺耗时费力、易学难精，入不敷出更是家常便饭，但对于家乡的钟爱让他在这一行里一干就是30年。

渡尽劫波之后，麒麟制作艺术以自己独特而隽永的魅力在中华大地上开枝散叶，如冒卓祺的香港麒麟扎作这样自成一派。全国已有6个相关项目载入中国非物质文化遗产数字博物馆，分别是重庆市铜梁区的铜梁龙灯彩扎、广东省佛山市的佛山狮头、湖南省凤凰县的凤凰制作、江苏省邳州市的邳州纸塑狮子头、河北省永清县的秸秆扎刻、河北省邯郸市的彩布拧台。

　　黄素明的儿子黄志成，由于从小就随父辈学习麒麟制作，因此也练就了一副好手艺。大学毕业后，黄志成顺应市场需求，做了一个大胆的尝试——将麒麟放到了互联网商城上销售，并开设了论坛，让更多的年轻人了解这项手艺。

　　如果麒麟制作创始人黄娇在天有灵，看到自己钟爱并坚守的艺术不仅传承下来，而且远销海外受到各国华人华侨喜爱，甚至衍生出各种流派发扬光大，一定也会满怀安慰吧。也许当年，在清末的清溪镇，黄娇就已经坚信这项艺术不仅会有血脉赓续，还会感动更多人将它带到世界各地。

麒麟文化走进校园
　　麒麟制作这项民间传统手工技艺的传承一直与客家麒麟舞的产生和发展密不可分。

彩扎麒麟

　　东莞市中德技工学校地处东莞市清溪镇——客家麒麟舞之乡。2017年，东莞市中德技工学校对"非遗进校园活动"予以大力支持，在学校与文化部门的多方努力下，将麒麟舞这一清溪非遗项目引入中德技工学校，并拨出专项资金，建麒麟武术馆，购买训练道具。出生于麒麟世家，从小便师从父亲学习麒麟舞与麒麟制作技艺的清溪镇麒麟舞第五代传承人黄静被学校聘为专职教练。从2017年发展至今，现麒麟舞兴趣班学员共计200余人，累计培养学员500余人。

　　2021年，中德麒麟武术队百头麒麟参演的"百麟献瑞，百姓共舞"节目分别在清溪电视台、东莞电视台和"学习强国"平台上展示，体现了非遗独特魅力和非遗传承者的爱国情怀。中德技工学校的"麒麟舞——非遗进校园"项目在2021年广东省"非遗进校园"优秀案例中获得精品案例奖。

　　让优秀传统文化注入年轻血液，这也正是麒麟舞代代相传、生生不息的重要原因。历经400多年的漫长岁月，清溪麒麟不但保持了传统客家麒麟制作工艺的特色，还形成了独树一帜的风格。成为了国内麒麟制作工艺的一块金字招牌，也实现了客家人"麒麟舞全国，艺术传四海"的夙愿。

DONGGUAN

国家级非遗传承人黄素明正在细心地扎麒麟头

莫家拳
MO JIA QUAN

莫锦满　市级非物质文化遗产项目代表性传承人

MOJIAQUAN
莫家拳

武以载道

　　东莞的非遗传承人身上有个鲜明的特质，就是他们默默坚守的、坚持的东西和信条，早已成为融入骨血的热爱。外界红尘滚滚，内心波澜不惊。这份淡然，对于当下的时代而言，更彰显出非遗的非凡魅力。

习武者，强身更强心

　　在宽敞的莫家拳武术馆里，我们看到了黝黑壮实的莫锦满老师。作为桥头莫家拳的第六代传人，他还有一个身份——桥头小学体育教师。

　　小时候他看过别人打莫家拳，感到很有意思。后来他上了体校，学习了举重。毕业后在桥头镇第一小学里做体育老师，正好莫家拳第五代传承人莫柏许师傅来到学校教学，他便开始认真学习。

每到周末，学习莫家拳的学生、上班族以及爱好拳法的人们都会聚集在武术馆。这个小小的阵地，很快就能听到各种出拳出招的声音。

"嚯——""哈——""嘿——"拳拳生风，招招有力。莫家拳出手迅疾快速，招式变幻多样。据莫锦满介绍，相传清乾隆年间，福建少林寺慧真禅师来到广东时，先将拳法传给惠州府海丰县莫蔗蛟，后传给东莞县火岗村（现惠州市沥林镇伙岗村）的莫达士、莫定儒、莫清骄等人。经过他们的互相切磋，变化发展，便形成了莫家拳，传承至今已有近300年的历史。

纵观莫家拳的传承系谱，东莞县火岗村（现惠州市沥林镇伙岗村）是莫家拳第一代传承人的聚集地，也是莫家拳的发源地，第一代传承人莫达士、莫清骄来到与伙岗村毗邻的东莞市桥头镇传徒授艺，桥头成为莫家拳的重要普及地与传承地。接着，由东莞、惠州一带向周围辐射，广州、佛山以及顺德、新会等广东其他地区也开始盛行，它们是莫家拳的重要传播地。现如今，除了广东地区，莫家拳在广西玉林、香港、澳门等地区以及东南亚、英国、美国等国家也流传广泛。

莫锦满坦言，莫家拳不仅有助于人们强身健体，更是一种精神上的塑造和历练。看似重复的动作和招式背后，蕴藏着力和平衡，以及充满古老智慧的攻与守的谋略。

莫家拳省级非遗代表性传承人 莫柏许（已逝）

"习武，可不是为了打架的。"不苟言笑的莫锦满幽默地说。其实练武，是为了强身健体，也是磨炼刚强的意志。学习好莫家拳并非一朝一夕之功。他展示给学员时，灵活的腿法、多变的招式、刚硬的力道，无一不展示着莫家拳的独特魅力。莫家拳强调手眼身法步法协调并用，着重攻防结合，拳势勇猛，刚劲有力，步法灵活，长短配合。

莫锦满师从莫柏许，一直以师父为榜样。师父深谙莫家拳心得，多年来拳不离手，一生广授学徒，为莫家拳的传承和发展做出了重要贡献。从12岁开始，师父就开始系统地学习莫家拳的各种腿法、拳法、器械套路。艺成以后，莫柏许一直以农糊口，以拳养家。后来，师父主动承担传承莫家拳的重责，一直勤勤恳恳地为莫家拳的传承发展贡献力量。

莫家拳市级非物质文化遗产项目代表性传承人 莫锦满

莫家拳传到他这一代，传承的不仅仅是一门武艺了，更是一种刚强有力的精气神。在漫长的历史演进过程中，中国功夫繁衍流变，派系林立，拳种纷显，既讲究形体规范，又追求精神传承；既追求动静结合，也追求内外兼修，是中国传统文化的重要印记。

从娃娃抓起

作为莫家拳第六代传承人，莫锦满深知传承的重要性。"传承，我想应该是从娃娃抓起。"莫锦满不无担忧地说，在物质充足、娱乐方式多样的现代社会里，似乎武术也逐渐失去了传统的阵地，诸多流派和技法面临失传。

幸运的是，早在2009年，莫家拳就入选广东省非物质文化遗产名录。2016年，莫锦满被认定为东莞市第三批市级非物质文化遗产项目代表性传承人。2021年，莫家拳又入选国家非物质文化遗产名录。无论是重视程度，还是社会反响，都出现了向好的一面。

由于莫家拳以腿法见长，有"一腿胜三拳"的说法，因此在学习初期须打下扎实的基本功。体育科班出身的莫锦满有良好的身体素质，基本的拳法很快就能熟悉起来。再加上经常勤操苦练，也把莫家拳"拳重百两，脚重千斤力"的气势展示出来了。

如今的莫家拳，也摒弃了许多斗狠的动作，在几代人的研习创新基础上，莫家拳拥有诸多练习技巧。

莫家拳

　　真正的非遗传承人，既甘于坐在冷板凳上，也能转身走进更广阔的天地，莫锦满便是这样的。从2010年开始，莫锦满在桥头推广"莫家拳进校园"的项目中，积极参与莫家拳教学校本课程的编写、动作套路的改良和莫家拳教学工作，并多次带领优秀学员参与省、市非物质文化遗产项目莫家拳的宣传、展演和交流活动。他希望能继承师父的衣钵，尽自己能力把莫家拳传承下去，名扬海内外。随着非遗进校园、进社区，越来越多的孩子热爱学习莫家拳。看到他们练得有模有样，莫锦满很是欣慰。在传承人莫锦满老师的带领下，莫家拳发展得不错，也发掘了很多打莫家拳天赋的孩子。目前，桥头第一小学、第二小学等6所学校都开设了莫家拳的第二课堂，尽管学的是一些简单的动作，但也培养了孩子们的兴趣。

　　值得欣慰的是，桥头莫家拳不但走进校园、走进社区、走进网络，还融入了人们的日常生活。除了广东外，还有来自香港、澳门等地区和马来西亚、英国、美国等国家的莫家拳爱好者，愿意学习莫家拳。将莫家拳发扬光大，莫锦满充满信心。他说薪火相传，是一种行动，更是一种信仰。

INTANGIBLE CULTURAL HERITAGE

莫家拳进校园

DONGGUAN

左：莫家拳市级非遗代表性传承人 莫锦满　右：莫家拳省级非遗代表性传承人 莫柏许（已逝）

DONGGUAN

守艺

— 贰

匠心是一种"道"，
也是一种使命和传承。
守艺人可以说是"布道者"，
也是生命意义的诠释者。
他们数十年如一日，
以生命有限的认知，
扩张生命无限的探索，
在物欲横流的当下，
能沉静如水，
一生只专注于一件事尤为珍贵。

矮仔肠

AI ZAI CHANG

吕衬婵 省级非物质文化遗产项目代表性传承人

AIZAICHANG
矮仔肠

舌尖上的东莞：
一根"矮仔肠"里的烟火人间

在吕衬婵的印象中，东莞，是一座充满着乡土情怀的城市。历经百年的矮仔肠流传至今，它们留存了东莞的文化与记忆，承载了这座城市骨子里热腾腾的烟火气。如今，矮仔肠技艺因适应时代发展而创新精进，让新时代的人们能更丰富多元地品味非遗。

美食江湖的历史传说

这是盐的味道、风的味道、阳光的味道，也是时间的味道、人情的味道。这些味道，才下舌尖，又上心间，让人几乎分不清哪一个是滋味，哪一种是情怀。

一根"矮仔肠"，吃的是烟火人间，品的是非遗传承，可贵的是匠心独韵。

吕衬婵是矮仔肠非遗技艺第四代传承人。初次见面，她温婉大方，和蔼可亲，端庄有礼，与传统美食技艺传承人不同，少了些江湖气息，又多了几分优雅和精明。

回溯矮仔肠的历史，吕衬婵说还得从曾爷爷吕佳说起。

100多年前，高埗人吕佳创制出了矮仔肠，一时香飘莞邑。因为当时的百姓生活艰苦，饮食缺乏"油水"。于是，多数人在挑选猪肉时都嫌瘦爱肥，瘦肉常常滞销。吕佳创制出了瘦多肥少的腊肠，因他身材矮小，而传统的广式腊肠细而长，他沿街叫卖时，腊肠常常沾到泥沙，既影响美观又影响销售。这样的景况被一名叫李满的姑娘看在眼里。她借买腊肠之机，建议吕佳把腊肠做成短粗形状，吕佳采纳了建议。这个偶遇，竟然还促成了一段良缘。

变短之后的矮仔肠味道更好了，广受街坊和乡亲的好评。之后，吕佳索性在当时东莞最旺的下市（原莞城省渡头附近）开起了腊味店。吕佳的小儿子吕祥（吕衬婵的爷爷）出生后，便将店铺的名字命名为"祥记腊味店"。店铺门庭若市，店里的帮工最多时有近20人。"祥记腊味店"声名远播，连山区片、莆田片的百姓也会慕名而来。

INTANGIBLE CULTURAL HERITAGE 041

矮仔肠

矮仔肠

制作矮仔肠——绑节

　　动荡年代，吕佳无奈关闭了腊味店，携妻儿老小举家搬到万江，改行从事挑腐竹、浸咸菜等工作。这是矮仔肠诞生至今，唯一中断制作的时期。

　　新中国成立前夕，吕祥回到高埗，子承父业，重新经营猪肉买卖生意。1950年，吕祥与高埗人莫佛坚喜结连理，莫佛坚非常注重技艺传承，每到腊味制作旺季，她都会要求7个子女从旁帮忙，孩子们必须得熟练掌握选料、混料、灌肠、扎针眼、绑节、晾晒等每个环节。因此7个子女都能制作腊肠，这对后来吕衬婵传承矮仔肠起到了关键作用。

如今，矮仔肠依旧物如其名，其外形短而粗，身长2～3厘米，好像一个椭圆形的小肉球。短，是为了让肠内的空气与水分能全方位流出，否则会令肉质发酸发臭；粗，是为了原粒蒸煮无须切割，紧紧地将腊肠的口感与油香锁于其中，静待口齿咬下那一刻的迸发。这种外形就注定了在扎法上与众不同，距离的长短也会影响到口感。因此，矮仔肠的主要工序至今仍保持手工制作。

从时间上来看，矮仔肠似乎"老"了，有百年历史；从味道上来看，它在食材和选料上却与时俱进，令非遗品牌焕发着勃勃生机。

中大硕士卖腊肠

走上传承之路，是融入骨血的一份责任。

在吕衬婵儿时记忆中，她家是在地堂里晒腊肠的。那时候父亲会架很多竹架来晾晒腊肠。小孩子会在那里玩捉迷藏。

提起父亲，她很是骄傲。1966年，年仅16岁的他就被高埗食品站选中招聘为职工。1970年，吕辉受到单位的举荐光荣入伍，远赴四川。在部队期间，逢年过节，他都被指定为部队制作腊味。1975年底，吕辉复员重回高埗食品站，期间创制出几十种腊味产品。1999年，离开食品站的吕辉正式创办了一家食品厂。

"我从未想过有一天会继承父亲的衣钵。"吕衬婵淡然地笑道。中山大学外语系毕业后，吕衬婵就进入国企从事外语外贸工作。后来又重回校园攻读硕士。外表温柔的她，内心其实很有主见与想法。当时网购业务方兴未艾，她就和朋友合伙开展外运业务，取得了不错的成绩。

正当他们准备拓展国内业务时，父亲突然生病了。他把子女都喊到了一起，说出了心中积压多年的担忧："我身体越来越不好了，你们谁想继承祖传的腊肠手艺？"

看着弟弟无意接受，妹妹还小，吕衬婵又不甘这门手艺失传，便从创业中切换赛道。她答应了，开始正式跟着父亲学习这门家传绝活。

正式入行，要从2007年开始。自那以后，吕衬婵的生活里再也没有离开过矮仔肠。

那时的她，其实还是停留在手工帮忙状态，缺乏深入的学习和研究。于是她请了一位老师来辅导。老师一边带着做，一边讲原理。从选料开始，经过配料、混料、灌肠、打针眼、绑结、去污、吊晾、生晒，做好腊肠要经过8个步骤。

"每个步骤都是关键。"吕衬婵说。食品行业不比其他，容不得半点马虎。为了保证食材新鲜和口感丰富，矮仔肠每天都严选新鲜的土猪肉与肠衣加工，先是切肉，必须是人手刀切，这样就能跟着猪肉的纤维纹路走向，不会影响肉质的口感，瘦肉与肥肉的比例一般以三七或六四划分，如果想要追求爆浆的口感，更可以用到五五的比例，切碎后稍剁，以温水清洗猪肉表面的油污，之后以秘方比例拌以酱油、酒、盐、糖等配料。而细至配料，也是经过了多次的筛选，酒只选山西的汾酒，因其是完全不勾不兑的原浆酒液，其味香纯，更能提升腊肠的香。而所选的酱油，不仅看重其豆香，连酱色的深浅也考虑在内，因过深的颜色会把肉的颜色盖掉，影响腊肠的色泽与视觉。如此将肉与配料用人手充分搅拌至均匀起胶后，才到了灌肠的操作。

初入行懵懵懂懂的她，经常在办公室忙到深夜。从企业经营管理的角度来看，吕衬婵十分有先见之明。她针对每个环节都设计了一个表格，用来检查、记录和监督。此外，传统家庭企业的账单报表不太规范，她认为做大企业就必须要规范管理，才能进一步布局。因此，下了许多功夫在流程管理上。甚至，她还专门报了会计班和管理课程，填补空白领域。

看着企业一点点步入正轨，吕衬婵感到累，并快乐着。

不迷信"祖传"秘方

"做企业绝不能固步自封，也不能永远躺在功劳簿上，精益求精的匠心精神始终是我们的追求。"吕衬婵说。随着吕衬婵能够独立胜任制作腊肠，她有了新的想法。

INTANGIBLE CULTURAL HERITAGE 047

矮仔肠制作技艺省级传承人吕衬婵

矮仔肠

不固守原有的产品，也不会盲目迷信祖传的配方和工艺。她经常会追问父亲，为什么要这么做？这样做的依据是什么？有没有更好的方式？

用打破砂锅问到底的精神去做腊肠，吕衬婵用的是理科生的思维。

甚至，父亲和她还发生理念上的激烈碰撞。不服气的她就开始了各种探索。针对有疑问的步骤，保持其他工序和选料不变，吕衬婵用不同的方法去做、去试验。成品出来后，会叫朋友、专家来试吃，比较不同腊肠的味道。在试吃时，她就拿着一张纸，把意见都记下来，再加上自己的直观感受，从而判断哪些产品好，哪些产品存在不足。

吕衬婵认为，祖传的秘方并不能盲目依附，市场上的新口味也不随意跟风，这才是食品企业发展之道。为了做出好产品，她会不断做对比实验。市面上可以找到的酱油和酒，她几乎都试遍了，甚至腊肠需要扎多少个孔都会去探究。不断试验不代表她摒弃传统，比如她从清代红杏主人所著的《美味求真》中受到启发，在腊肠中添加上好陈皮，研制出陈皮肠。对传统的理解，对未知的尝试，让吕衬婵不断改良和研发出鹅润肠、发财蚝豉肠、牦牛肠等受欢迎的产品。

光是用酒调味，她都经过了严密的选择和筛查。办公室柜子里装满了各种各样的酒，许多都用了一半，足见她的细致。

接手家族企业后，最大的变化还是运营的规范化。经过吕衬婵大刀阔斧的改革，带来了全新的传统食品工业经营运作模式，让高埗矮仔肠出现了新面貌。2009年，吕衬婵创建了一家食品有限公司，先后导入ISO9001质量管理体系和ISO2200食品安全管理体系，并将腊肠品牌根据家族史实注册为"矮仔祥"商标，同时致力于申请非遗、开发工业游营销模式等，提升品牌形象，其创新的思维让传统企业焕发了生机与活力。

世事流转，时过境迁，一些传统项目逐渐淡出历史舞台，又以新的形式呈现。对吕衬婵而言，工匠精神却永远不会过时。因为，唯无惧才能坚持，唯磨砺才能瞩目，唯创新才能发展，唯匠心才能传承。

2017年，吕衬婵被认定为广东省第五批省级非物质文化遗产项目代表性传承人，她在原来的技艺基础上，与时俱进推出适合各种人群和口味的腊肠。不管时代如何变迁，也不论食俗如何变化。她都决心一生坚持做好腊肠，做出人们熟悉而喜爱的矮仔肠。

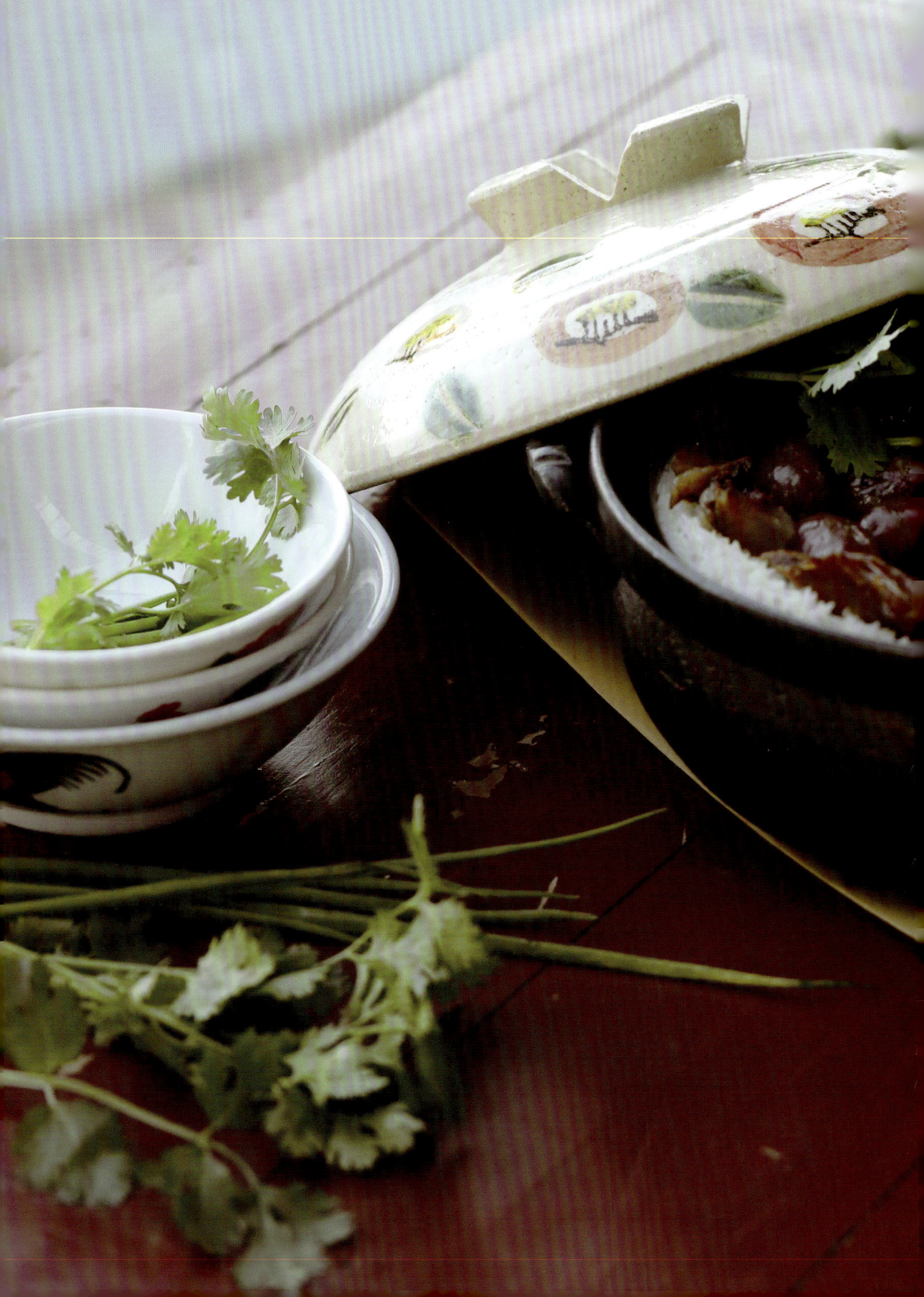

INTANGIBLE CULTURAL HERITAGE

矮仔肠

庾家粽
YU JIA ZONG

庾美连 省级非物质文化遗产项目代表性传承人

YUJIAZONG
庾家粽

——

历尽沧桑的母亲的味道

"五香肉粽、咸蛋粽都有的。我们做了十几个品种,其中还有现在年轻人喜欢的西米粽。"庾家粽传承人庾美连说。

对于东莞人来说,每到一年一度的端午节,龙舟赛和吃粽子都是不可缺少的节日特色。与锣鼓喧天、热闹非凡的龙舟赛形成鲜明对比的,是庾家粽那一口软糯鲜甜,这两种截然不同的享受早已融入了一代代东莞人的基因中,成了他们无论走到地球上哪个角落都不会忘怀的,与故乡、与亲情有关的情感纽带。

作为岭南一邑,也作为客家人聚居地,东莞的文化一直兼具南北方精髓。在网络上热议"北方人吃甜粽,南方人吃肉粽"的时候,东莞粽却是既独具地域特色,又品种口味多样的存在。在时代更替中唯一不变的,是它始终保持着传统文化传承载体的使命——纪念爱国诗人屈原,发怀古之忧思。

庚家粽的由来

　　发源于东莞市万江街道谷涌社区的庚家裹蒸粽，以其独特的配方，严格的制法，在东莞粽四大分支中脱颖而出，成为东莞粽的主要代表之一。

　　相传，"庚"是古代一种计量粮食体积的量器。帝尧时有掌庚大夫，庚氏以官名作姓氏。由于庚氏世代有人管粮仓，他们对粮食品种的优劣极为熟悉。每当端午节到来时，庚氏族人都选择口感最佳的优质糯米来裹粽。随着年月的积累，对馅料和制作工艺不断改良，以求达到口感最佳。

　　和乾隆一样，唐明皇也经常出现在品鉴小吃的传说中。据《酉阳杂俎》记载，唐代长安的"庚家粽子"白莹如玉。唐明皇品尝过后赞不绝口，可见"庚家粽"早在唐代就已经闻名遐迩。

　　宋代元祐年间，随着掌庚大夫的后裔庚东旸出任广南东路经略安抚使，庚家粽子也由内地进入岭南。从那时起到现在，庚氏后人定居在东莞万江谷涌已有十多代。在岁月的淬炼中，制作粽子的技艺日臻完美，也由于和百姓生活密切相关，庚家粽并没有像很多

INTANGIBLE CULTURAL HERITAGE 055

庚家粽制作材料

庾家粽

传统技艺一样失传，反而被一代又一代完好地传承了下来。

庾家咸粽味道浓郁，馅料丰富，切开时色香味俱全，卖相极佳，吃起来香软可口。在做法上，庾家粽同样以糯米、绿豆为主，夹以咸鸭蛋、肥肉为馅。

其与众不同的地方是虽为咸粽，吃起来却有一种淡淡的甜香味，这是其他南方咸粽所没有的。究其原因，庾家粽的特别之处就是要先将各种馅料炒熟，把味道调好，之后再用浸过油的糯米包裹。由于内馅已熟，外层的糯米就很薄，大火煮熟之后，炒香的馅料，肉脂香与咸蛋香交融着渗入豆蓉与糯米之中，达到了荤素食材浑然一体的最佳状态，单是闻到那浓郁的香味，也能让人食欲大动。

在20世纪90年代，来自万江谷涌的庾家粽传人庾美连开始在花园粥城出售庾家粽。在打造品牌的过程中，庾美连发现，原来庾家的粽子在唐朝就有史记载，且是一道地位崇高的美食，改朝换代历经千年依然能流传至今，实属难得。庾美连灵机一动，将庾家粽与唐明皇的传说作为切入点来宣传。逐渐地，这个故事不仅让庾氏族人知道，也传遍了大江南北。从此，庾家粽开始名声大噪。

庾家粽的传承

与其他技艺传承方式不同，庾家粽有一条不成文的规矩：制作工艺传女不传男。因此才有了庾美连这位第二十七代女传人和她的女徒弟们。女性的细腻与巧思让庾家粽产品不断创新，走出了一条创新之路。

庾家粽的包制过程虽不烦琐，需要的仅是一对粽叶拼成型，放米，放馅料，用粽叶定型，绑线。看似简单的5个步骤，如果是生手的话，操作起来会相当受挫。而完成这整个过程，庾美连这个"粽子专业户"只需46秒钟。"包粽子是一门手艺，我不到10岁已经跟着家人学包粽子了，已经包了三十几年，大概有10万多个了。"庾美连笑道。

除了在用料和工艺上追求完美，就连裹粽的每一片粽叶也都是经过庾美连精心挑选的。每一年，她都会在春天雨水丰沛的4月亲自去清远采摘粽叶，因为那时的粽叶无论颜色、大小都是一年中最好的时候。

庚家粽制作

庚家粽制作

每每谈到粽子，庾美连都有说不完的话。显然，做粽子对于庾美连来说，早已不是一种谋生的手段，而是一种文化的传承，甚至是对祖先的追思。"这是一种优秀的中华文化，我希望能把庾家粽制作手艺一直传承下去，让更多的人认识这种标志性的莞粽味道。"

2021至2022年，在疫情的影响下，原本蓬勃发展的中国餐饮行业受到了空前的打击。从前烟火气十足的夜市、美食街在一次次封控后几乎消失。面对这样的大环境，庾美连陷入了历代传承人都没有遇见过的困境：线下门店关了，淘宝店还没有开起来，庾美连为此愁得茶饭不思。

好在这时，庾家粽数十年的美誉反哺了困顿中的后人，很多客户慕名而来，通过电话下单的方式来购买粽子。订货量太多以至于庾美连为了控制质量反而要放弃一些订单。

早在2015年，"庾家粽制作技艺"就被列入广东省非物质文化遗产名录，庾美莲于2017年被认定为广东省第五批省级非物质文化遗产项目代表性传承人。庾家粽走进校园、亮相大赛、登上舞台……庾美连深刻地感觉到任重而道远，一定要把庾家粽的品牌做大做强，决不能为了眼前利益放弃长远声誉。

庾家粽制作技艺市级非遗项目代表性传承人 黎振雄

　　为了不让这一宝贵的技艺失传，庾美连打破传女不传男的规矩，目前已经把庾家粽的制作技艺毫无保留地传授给了儿子黎振雄。2017年，黎振雄也成为了庾家粽制作技艺的市级非遗代表性传承人。

　　如今，庾美连与黎振雄用两代人的时光，共同守护着庾家粽，也守护着这份属于东莞的家常味。

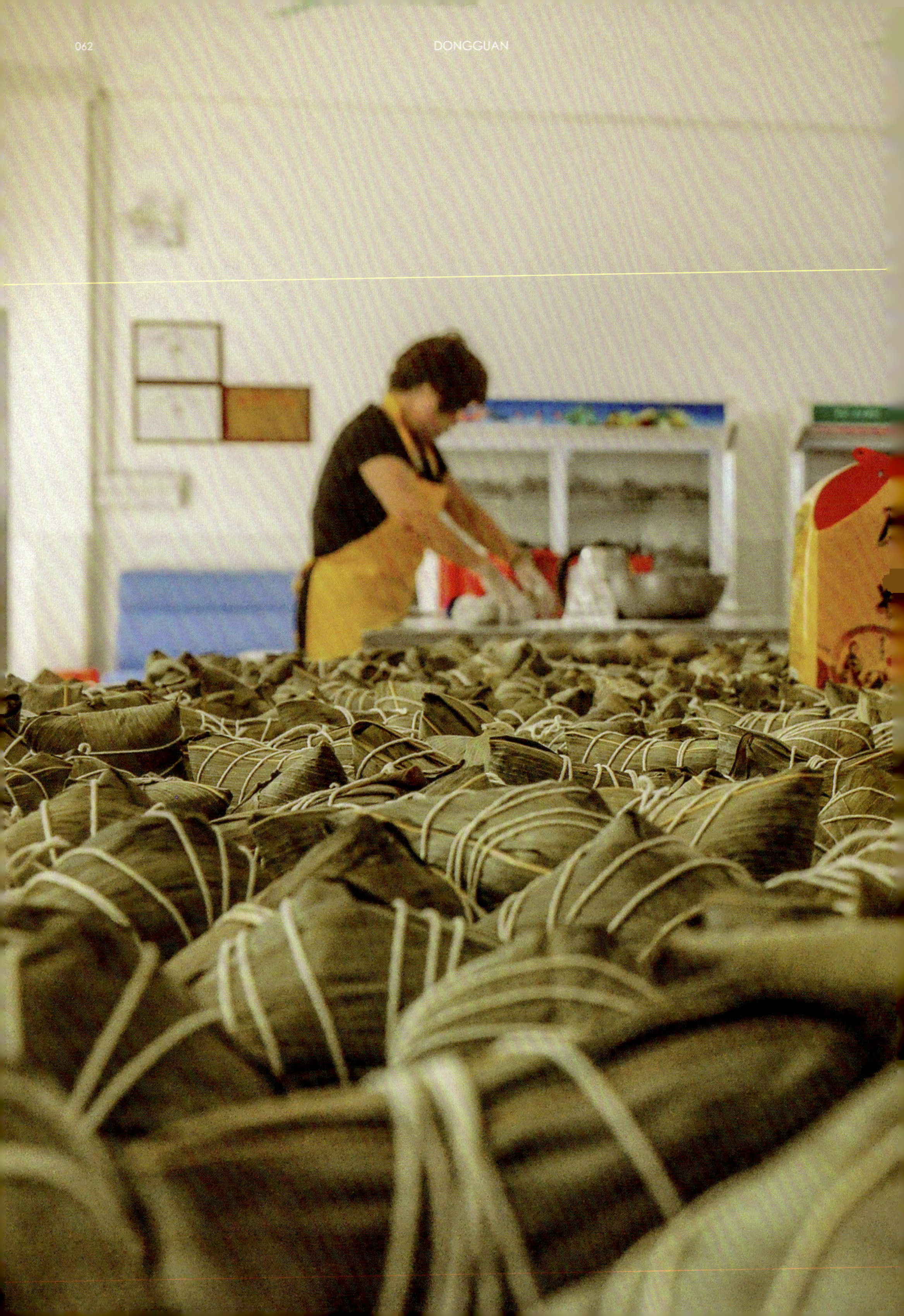

庾家粽

新昌鼓

XIN CHANG GU

叶浩和 市级非物质文化遗产项目代表性传承人

XINCHANGGU
新昌鼓

回响不绝的百年余韵

　　东莞石龙镇，有着3500多年的文明史和800多年的建城史。石龙镇地处东江下游，出门见水，举步登舟，人们在生产和生活中与水和龙舟结下不解之缘。明末清初学者屈大均在《广东新语》中道："广中龙船，惟东莞最盛"。唐代诗人李群玉，曾在诗中这样描写赛龙舟的盛况："雷奔电逝三千儿，彩舟画楫射初晖。喧江雷鼓鳞甲动，三十六龙衔浪飞。"一年一度的龙舟赛上，棹影斡波，鼓声劈浪，一派热闹非凡的景象。

　　可是有多少人知道，这振奋人心的鼓声来自于东莞市非物质文化遗产——石龙新昌鼓制作技艺，而唯一一家鼓店就隐没于繁华不息、充满烟火气的石龙中山路的某条窄巷间，已安静地度过了幽幽百年岁月。

　　"做一只鼓，不论大小，都要经过四大工序，用木料制鼓桶、用牛皮制鼓膜、用鼓机蒙鼓皮，最后涂漆上色写店名。"石龙新昌鼓制作技艺第五代传承人叶浩和说。

始建于20世纪20年代的石龙中山路，曾有着作为广东四大名镇的煊赫历史。石龙造鼓技艺始于清末民初，彼时龙舟文化最盛，光是在石龙就有四家鼓店，分别是新昌、金昌、祺昌和祥新。

　　新昌鼓经历了钟佳、儿子钟坚、孙子钟沃罗的传承与经营，后来与钟沃罗有远亲关系的姚广也跟其学习制鼓，艺成之后姚广自己开店铺单独经营，取名为金昌，并传艺其女婿叶任和。1982年，年轻的叶任和从岳父手中接手鼓店，并将新昌和金昌合并，与弟弟叶浩和一起将鼓店经营延续至今。

　　30年来，每做好一只鼓，叶任和总是细心地在鼓上写着"石龙新昌造"几个大字。随后，这些为各种活动量身订做的鼓就被送到东莞各镇的龙舟赛事、寺庙宗祠祭祀等传统活动现场。

　　如今，百年老店仅剩新昌这一家，新昌鼓的历史逐渐不为人知，就像这家小店一样，隐没于闹市之中。

新昌鼓

造鼓机

如果你有兴趣，沿着中山路往中山东路探寻而去，也许可以看到这样一个店面，门外放着几个大鼓，店内也排着大大小小的鼓。中间放了台看起来颇有历史的造鼓机，用来装钉鼓面那块牛皮。铺里地上的麻石块被岁月敲打得凹凸不平。走进店里，店墙壁上挂着三张曾为鼓店店主的照片，早已因年代久远而泛黄。店正中摆放着的大家伙是购于民国时期的制鼓机，从德国订造，原装进口，入手时价值黄金四两。100多年过去了，鼓机依旧闪着乌黑色的光泽，依旧还能蒙鼓皮制鼓。

叶任和有过一段不平凡的从军经历，在1976年至1981年服兵役期间，他参加了中越边境自卫还击战，于1979年3月，被中国人民解放军53561部队政治处授予"三等功"称号。转业后，他脱下军装回到家乡重拾祖辈的技艺。在2017年之前，他都是新昌鼓的唯一传人，与妻子守候着自家店铺，闲时唠唠家常，为下一个旺季准备晒好的牛皮。到了旺季，也就是春节前两个月、后一个月加上5月至7月，他们会足足忙碌6个月。

客人来订制鼓时，叶任和会详细地询问客人的用途。"每种鼓因为用途不同，材质也需要做出改变，醒狮鼓和龙舟鼓的调子高，声音生动活泼，其质量要求很严格，需要选用大张厚牛皮制鼓面。"说到此，叶任和随手敲起店内已经做好的鼓，声音清脆，"一只好鼓，不用重击，蛮打就能发出很大的声音，这其中的选材、做工，和制鼓的人有很大的关系"。

30年来，叶任和造的鼓不计其数，最大的直径达1.5米。在叶任和的眼里，制鼓从选材到制作的每个过程都十分讲究。"紧蒙密钉，晴雨同音"，制鼓中难度最大的应数上鼓皮，要求力度均匀，否则会在拉扯中不小心撕烂牛皮。

结合多年的造鼓经验，叶任和对技术不断创新和改进，使新昌鼓越做越好，特别是在鼓皮的加工方面，改进后的加工工艺使得鼓皮在敲击中不但不容易裂开，还能产生较好的声音效果。

据了解，在中国的70来种鼓中，叶任和能制造其中的二三十种，在他的新昌鼓店，除了主打龙船鼓外，还制作粤剧鼓、腰鼓、庙堂鼓等。

石龙新昌鼓制作技艺于2010年5月被认定为东莞市第二批市级非物质文化遗产项目，于2015年11月被认定为广东省第六批省级非物质文化遗产项目。叶任和于2017年被认定为广东省第五批省级非物质文化遗产项目代表性传承人。

新昌鼓

2017年，叶任和不幸因病离世，新昌鼓传承面临危机，好在自1985年就开始跟随他学习造鼓技艺的弟弟叶浩和接过重任，才让制作新昌鼓的古老技艺没有失传，也让我们能看到它以新的面貌绽放出更加瑰丽的光彩。

经过叶浩和的改良革新，除了制作龙舟鼓、醒狮鼓外，还制作精美的迷你新昌鼓，他所制的鼓工艺精良，音色响亮，经久耐用，图案款式靓丽精致，深受广大顾客喜爱。每年端午节前，都有东莞、深圳、博罗等地的客户及返乡华侨专程过来选购。"新昌鼓在今天仍有市场"，这是最令叶浩和自豪的一件事。

由于新昌鼓制作工艺精细繁复，工艺与成品音质密切相关，无法被现代机器化、流水线生产制造出来的鼓代替，也更能满足客户定制的需求。时至今日，那台"四两黄金买来"的古老制鼓机还能使用，它与叶浩和一起听着新昌鼓奏出的旋律，见证着东莞日新月异的变化。

叶浩和于2020年被认定为东莞市第五批市级非物质文化遗产项目代表性传承人。祖辈们在历史变迁中用全部生命保护技艺，而叶浩和在新时代得到了国家的助力。

他依旧默默坚守在这里，守着这家百年老店。他依旧日复一日为做新昌鼓而忙碌着。他收自己的女婿为徒，两人齐心协力继续着传承传统技艺，又勇于开拓创新的实践。"做好每一只鼓"是这位手工艺术家对匠人精神做出的最朴素也最精准的注脚。

叶浩和

DONGGUAN

INTANGIBLE CULTURAL HERITAGE

新昌鼓

莞 GUAN
香 XIANG

黄欧 国家级非物质文化遗产项目代表性传承人

GUANXIANG
莞香

香飘天地外，神守山水间

这是一个盛产大师的时代，也是一个大师匮乏的时代。能沉下心来做好一件事，守好一种技艺已是难能可贵。能将其发扬光大，开拓创新，更是寥寥无几。而黄欧，在莞香这张名片的打造上，可谓是登峰造极了。

留香

"以前这里杂草荆棘丛生，没有道路，水电不通，完全都不像样。我就拿着一把镰刀、一柄斧头，一路砍出来的……"回忆往事，黄欧历历在目。自从修建莞香种植园，他耗时耗力，亲历亲为。20年过去了，他还在不断完善内部设施。进入种植园，山路铺设整洁，两畔莞香树错落有致，均有自己的专用编号代码。先进的自动浇灌系统、温度、湿度、土壤酸碱度实时监测系统，二维码溯源等。"只要扫一扫，就知道这棵树什么时候栽植，什么时候开香门，什么时候采过香。"黄欧指着莞香树上的二维码号牌说。在大岭山莞香种植园里，每棵树都有属于自己的"身份证"二维码。

黄欧家中祖祖辈辈都是香农，儿时家里就种有莞香树，小时候遇到头疼脑热了，家里人就会割下一片树木，煮水熬给他喝。神奇的是，喝了他就能好起来。在成长的过程中，黄欧耳濡目染地学习了莞香的生产和制作技艺。

20世纪90年代，黄欧接管了外婆留下的莞香树，从此开启了他的莞香人生。那时东莞工厂兴建频繁，大量莞香树被推倒丢弃，黄欧很是痛心。

首要的是，留住香。黄欧抱着一半是情怀，一半是责任的信念，看到被丢弃的树，他下定决心要不遗余力搜集并迁地保护那些面临破坏的野生百年莞香母树。有了种植，才能谈保护。为此，他几乎走遍了东莞各镇各村，搜寻到野生百年莞香母树几百棵，移植到大岭山镇百花洞山脉一带。在此过程中，黄欧不断翻查古籍，充实莞香知识，"半工半读"地研习莞香种植、制香技艺，靠做机械生意补贴莞香种植。

"莞香的历史悠久，东莞的莞正是莞香。"黄欧说。据东汉杨孚的《交州异物志》记载，东南沿海盛产白木香，它根植于东莞，开枝散叶，造就了日后的岭南瑰宝，唐朝时期已经香飘五湖四海，成为地方上贡皇室的佳品。宋代时普遍种植，因产地主要集中于东莞而被称为"莞香"，成为我国唯一以地方命名的珍贵树木。

INTANGIBLE CULTURAL HERITAGE 079

开香门

采香

DONGGUAN

香道表演

INTANGIBLE CULTURAL HERITAGE 081

香道

莞香艺术藏品

明清时期，莞香放开民间使用和贸易，逐步形成莞香收购、加工、交易一条龙的完整产业链，莞香也由寮步香市贸易集散，行销海内外，盛时岁售逾数万金。

自从接过莞香传承的接力棒后，黄欧始终没有停下技艺传承和发展的脚步。他开展莞香制作技艺的生产性保护活动，从辨土到合香等30多道工序，始终坚持莞香制作技艺的真实性、整体性和传承性，完好地保护与传承莞香制作技艺的核心技艺，使得中断近百年的莞香制作技艺得以恢复，并成功申报了国家级非遗项目。他默默坚守着传统莞香制作技艺，保护与传承了我国独特的非物质文化遗产，使莞香制作技艺发扬光大。

但恢复莞香种植和传统莞香制作技艺，并不是黄欧的终极目标，他心中一直有一个愿望，就是让莞香"飞入寻常百姓家"。"对我而言，只有这样，莞香事业才能说真正取得成功。"黄欧说，他从决定转身"香农"的那一刻起，就有一个清晰的目标。

2006年，莞香种植生产的收益终于可以支撑自己的莞香事业，黄欧毅然创立尚正堂，当起了一个护香、育香、制香的专业"香农"。为了实现规模化、产业化，尚正堂下属沉香研究院，对莞香制作技艺进行科学研究，与中国科学院华南植物园、中国林业科学院热带植物研究所、广州中医药大学等科研机构建立了良好的合作关系，对传统莞香制作技艺进行科学归纳研究，逐步完成《香材分子鉴定》等8个科研课题，并实现科研成果转化。

爱香

　　与莞香树打了半辈子交道，黄欧的心态始终年轻，乐意接受新事物，作为国家级非遗代表性传承人，他还做起了视频号、拍抖音、直播、开设公益讲堂和香道培训班……经营走向产业化，黄欧还是坚持做，只为让更多的人爱上莞香，营造出浓厚的莞香文化氛围。

　　黄欧于2018年被认定为第五批国家级非物质文化遗产项目代表性传承人。黄欧认为，非遗传承必须要在形式和内容上创新，只有让年轻人去了解和接受，非遗才能充满生命力，技艺才能传承更长远。如今，曾经200亩的尚正堂科普种植园成为占地3000多亩的莞香非物质文化遗产保护园，是莞香制作技艺的省级非物质文化遗产生产性保护示范基地和传承基地，让中断了近百年的莞香制作技艺得以恢复和延续。

　　为了让更多的年轻人爱上非遗，黄欧还对种植莞香的技艺进行了改革。在保持传统的莞香制作技艺基础上，对莞香的农事管理方面使用农业现代化技术及农具，从而减轻人力劳动强度，使生产得以高效，创造更高价值，吸引更多的年轻人加入其中。

尚正堂莞香产品

在尚正堂，除了传统的莞香产品外，还有不少更加适合现代人生活的莞香类产品。如洗面奶、补水喷雾、纳米银离子生物喷剂、莞香精油，等等。黄欧通过对莞香进行生物科技应用的研发、应用和市场推广，使非遗与现代生活更贴近，把莞香制作技艺与非遗保护工作紧密结合，深挖莞香文化产业价值。

如今，莞香是国家地理标志保护产品、东莞的城市名片，而黄欧也在继续为延续莞香文化而努力付出。他由衷地希望，莞香可以深入现代家庭生活，延续千年留香的莞韵风采！

DONGGUAN

INTANGIBLE CULTURAL HERITAGE

线香

莞草编织

GUAN CAO BIAN ZHI

叶小玲 省级非物质文化遗产项目代表性传承人

GUANCAOBIANZHI
莞草编织

——

一根草编织出来的诗性生活

和大多数东莞人一样，莞草编织在叶小玲心中不止是一项传统技艺，更承载着对家乡的记忆和情感。保护和传承这一项传统技艺，也是为了守护这座城市的文化灵魂。

用莞草，不仅能编织出美与艺术的生活用品，还能编织出产业链，让莞草重新辉煌起来，这是非遗传承人叶小玲的心愿。

莞草，古称咸草，因野生于咸淡交汇水域而得名。东莞地处东江下游，江河与海潮在这里交汇，咸水与淡水交替冲灌，特别适宜莞草生长。莞草在滩涂水边连片衍生，宛似一道绿色藩篱环绕半县，有人说，"东莞"之名因此而来，并沿用至今。其实，莞草编织技艺源远流长，至少已有2000多年历史。2007年，厚街莞草编织入选广东省第二批非物质文化遗产保护名录。2015年，道滘莞草编织技艺入选广东省第六批非物质文化遗产保护名录。

莞草质地柔软坚韧，是编织草织品的上好材料，也是东莞著名的特产。

"家家户户都会用莞草编草席、地毯、篮子等生活用品,人们在一起边干活边聊天,也就不觉得累了。"叶小玲回忆道,她自6岁起跟随祖母、母亲学习莞草编织技艺。

高中毕业后,叶小玲开始在道滘草织厂工作。20世纪六七十年代,厂子经济效益好,是当地的支柱型产业。当时,东莞道滘镇最高峰时曾经有1万多人从事莞草编织加工生产,草绳、草辫、炉底席、方席、草篮等多个种类日用品,远销东南亚多个国家。

逐渐地,叶小玲爱上了莞草编织这门艺术。看似柔弱的莞草,其实有着非常强大的生命力,能够创造出复杂精美的编织艺术。看到自己编织的草席、包等花纹、图案千变万化,她心里有说不出来的成就感。

20世纪80年代末,道滘草织业衰落的情况下,叶小玲自行用其他相似的咸水草编织生活用品,不仅保持着纯熟的莞草编织技艺,还保留了部分草编工具、模具图纸。

2015年,为恢复莞草编织技艺,她积极配合当地文化部门恢复和活化莞草编织技艺,整理技艺流程及制作部分草编工具、模具,并对传统的草织工艺品进行创新,参加国际、国家、省、市等各级非遗展示。通过不断丰富和完善编织技艺,使濒临失传的技艺得以传承。

莞草编织

叶小玲编织莞草方席

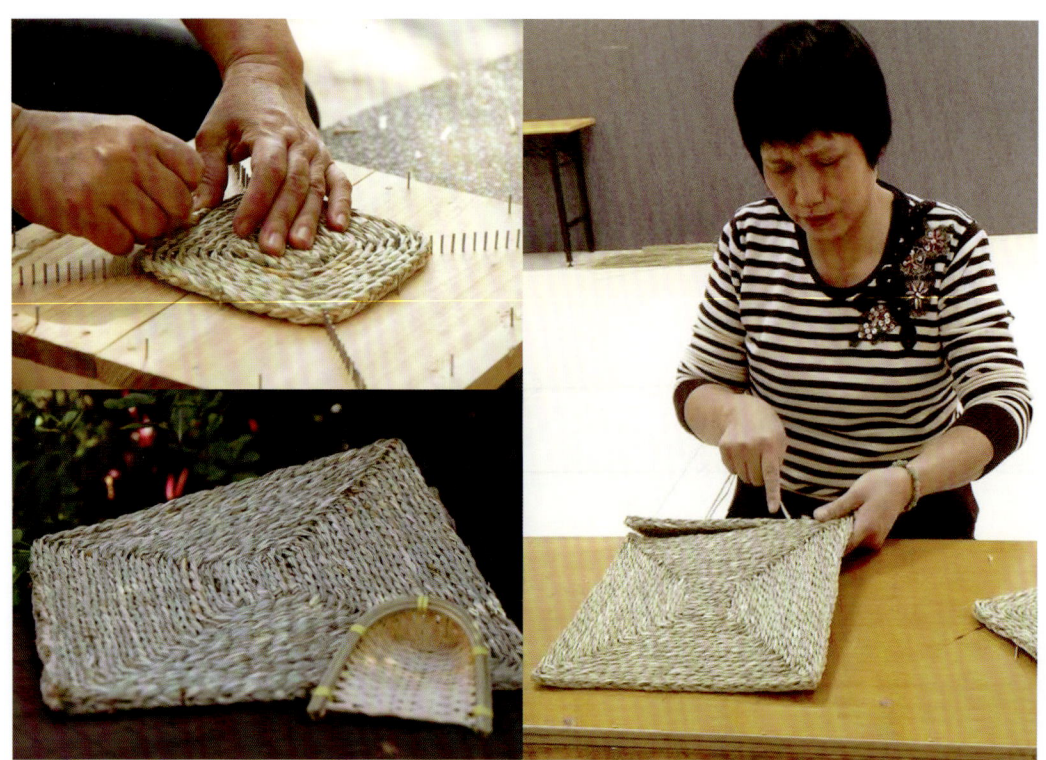

莞草编织

和现代机器相比，莞草编织来得"太慢"。以方席为例：单就工序而言，方席一般要经过挑草、染草、晾晒、行绠、晾晒、剪席、拍席、统席八道工序。其特点是经过加工后的方席，在阴雨天不发霉，耐用不褪色。有时候两个人合作七八个小时才能编出一张方席，人也乏累不堪了。近几十年来，莞草编织技艺又有新的发展，方席类增添了提花席、米花席、方席、蒲团席，还有草篮、草盒等新品种。但是劳动力产出和回报，始终处于失衡状态。

另一方面，莞草编织的模具相对落后，很难实现机械化、自动化生产。如果工具无法改良，程序无法精进，莞草编织注定无法实现市场化发展。

机器化生产时代，人们追求效率和速度，作为一项传统手工业技术，莞草编织技艺走向没落。原先家里进门就是莞草编织的地毯，现在是各种塑料和纤维材料取而代之。过去每家每户出门挎着一个菜篮，必然是出自莞草，现在层出不穷的款式和五花八门的材料，早就代替了过去自然清新的颜色。这是时代的进步，也是莞草技艺被迫转型的因素。

一方面，适宜莞草生长的咸淡水交界地已是寸土寸金；另一方面，草织品在生活中的地位也被塑料品取代。机械化生产严重冲击手工艺，一度让莞草编织陷入困境。曾经与叶小玲一起在草织厂工作的女工，已没人愿意干这个了。"拿莞草提篮来说，手工编织要花13小时，卖200多元，但一个塑料提篮在菜场上20块钱随便买。"由于市场回报率低，加上材料不足，没了市场，编出来只能做展示了。

但是，人们真的抛弃了莞草吗？或者说，莞草已经不值得被爱了吗？

"莞草独特的材质、精湛的手工编织、自然清新的颜色，都是其他材料无法取代的。"在叶小玲眼中，莞草的魅力和价值有待于重新挖掘和总结。

如今，一些历经沧海桑田的非遗项目退出历史舞台，成了"沧海遗珠"。要想让非遗重新焕发魅力，令它们在现代社会复活，离不开创新和创意。叶小玲坦言，光靠个人的力量是有限的，发挥更多人的智慧和创意，才能让莞草编织技艺发扬光大。值得庆幸的是，广州美术学院的师生组建了"莞草再生设计研究"团队，重拾这一古老技艺，并结合其他材料进行工艺创新和设计。看似普通的莞草经过艺术创新，蜕变成了高雅别致的灯具、屏风等创意家居品，使人眼前一亮，受到不少年轻人的追捧。

莞草编织文创作品

　　对叶小玲而言，无论是草席、帽子、地毯或是其他用莞草编织的手工艺品，都是用无声的艺术语言，讲述着这项技艺的非凡魅力。

　　叶小玲于2017年被认定为广东省第五批省级非物质文化遗产项目代表性传承人。为培养新一代莞草编织人才，叶小玲积极协助市非遗中心开展"莞脉传承之非物质文化遗产进校园"活动，义务为困难妇女及残疾人提供莞草编织技艺教学，帮扶社会弱势群体自立自强。此外，随着"莞草e博园"在莞城步步高小学正式揭牌，线上线下莞草文化科普宣传平台将会面向社会开放。

　　进入高速工业化发展时代，东莞大量工厂拔地而起，莞草生长环境不断被压缩，莞草在东莞一度几乎绝迹。沙田镇为保护莞草生长环境，做了大量工作，经过了几年努力，莞草种植在沙田镇得以健康庚续。目前，沙田镇还开辟了莞草种植基地，人工种植莞草，还将规划建设莞草文化园，确保莞草种植技艺得以弘扬，确保莞草种植这一非物质文化遗产资源和经济效益实现可持续发展。

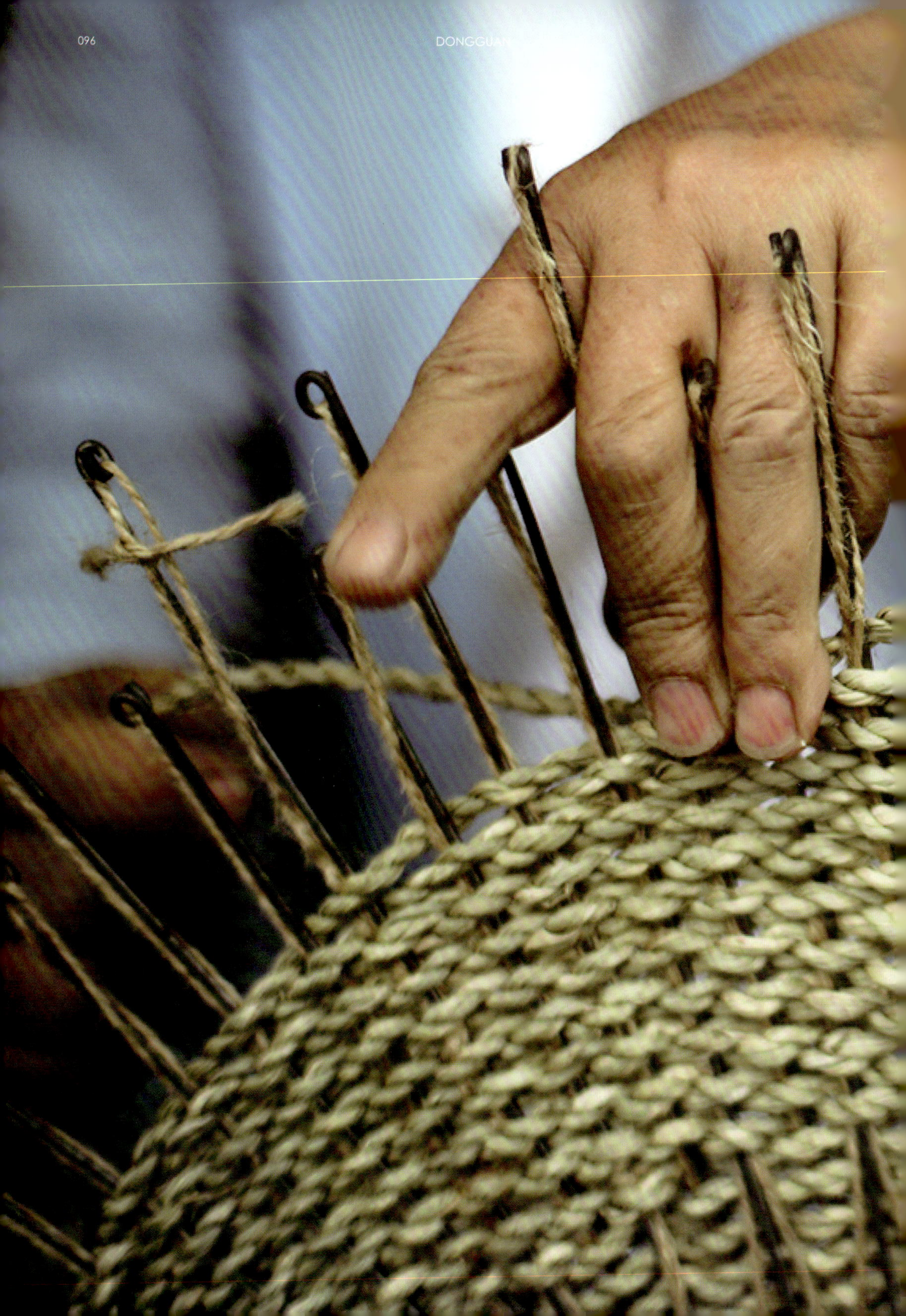

INTANGIBLE CULTURAL HERITAGE

道滘的莞草编织老艺人用晾晒好的莞草进行编织

INTANGIBLE CULTURAL HERITAGE　　　　　　　　　　　　　　　　　　　　　　　　099

唱念

叁

一腔一调，
一板一眼，
一招一式，
一颦一笑。
唱念之间，
道不完的是对技艺的坚守和流传，
唱不尽的是莞邑人对美好生活的向往。

木偶戏

MU

OU

XI

陈绍初 市级非物质文化遗产项目代表性传承人

MUOUXI
木偶戏

——

生旦净丑，戏剧人生

"我们想把中国传统文化延续下去，我们想做一点有意义的事情。"东莞大朗木偶戏传承人陈绍初如是说。

中国木偶戏，又称"傀儡戏"。它是汉族传统艺术之一，历史悠久，关于它的产生，学界普遍的观点是："源于汉，兴于唐"。三国时已有偶人可进行杂技表演，隋代则开始用偶人表演故事。通常会用木偶配合民乐器甚至地方戏曲唱腔来演出戏剧。根据木偶形体和操纵技术的不同，有布袋木偶、提线木偶、杖头木偶、铁线木偶等。

大朗木偶戏始于清光绪年间，演出的大多数是粤剧名曲，因此独具鲜明的岭南文化特色。它沿袭了粤剧的表演手法，木偶的操作、唱腔对白、锣鼓敲打等是一套完整的表演艺术，和其他地方戏曲一样，角色分为生、旦、净、丑，各自拥有不同的唱腔和念白。就这样，在一代又一代民间艺人的潜心钻研与创新中，大朗木偶戏逐渐作为木偶戏的独立分支而开宗立派。

传承到20世纪初时，由本地村民陈容满创建大朗镇巷头木偶粤剧团。虽历经战乱，世事变迁也无法消弭其独特魅力，薪火相传至陈绍初这代，已历四代之多。

鼎盛时代

　　当我们闭上眼睛，眼前会出现这样一幅图景：在南粤的阡陌交通中，陈容满一行挑着担子，有说有笑，走街串巷表演木偶戏。他们走到哪里，后面总会跟着一群欢乐的蹦蹦跳跳的孩子，木偶剧团的演出是这些孩子生活中最精彩的嘉年华，也是当他们老年时，在摇椅上昏昏然之中会唤起的久远而温馨的记忆。

　　每逢年节或婚娶喜庆的大日子，村民们不惜集资请一台木偶戏，每当锣鼓一响，便人潮涌动，群众里三层外三层地将小小的木偶戏台围个水泄不通。

　　20世纪二三十年代，是大朗木偶戏的全盛时代，随着大朗镇巷头木偶粤剧团艺术水平和知名度的提高，木偶戏这种艺术形式在东莞悄然流行开来。主要集中于莞城、大朗、寮步等地，剧团有竟新华、众一乐、国民乐、醒醒乐、天天乐、天民乐、继乐轩、淦华光、新世界等。

离散与坚守

　　可惜的是，没有什么美好是永恒的，尤其是在近代中国，军阀你方唱罢我登场，战乱频仍，百姓流离失所。彼时，人民想要拥有一点简单的快乐也往往成为奢望。

大朗木偶戏表演

这个时期很多剧团开始入不敷出，不得不解散。出于生计，巷头木偶剧团的几位老艺人避乱于香港，重建了木偶剧团取名盛世界木偶团。他们精湛的表演技惊四座，延续了曾经的辉煌。

　　新中国成立后，巷头木偶戏剧团排出一系列脍炙人口的剧目，既有《三打白骨精》《赵子龙拦江截阿斗》《哪吒闹海》等传统戏剧，也尝试排练有时代感的新剧。但是他们担心的还是发生了，木偶戏为电影、粤剧、歌舞等文艺形式所取代，不复往日万人空巷的盛景。因为一些历史原因，20世纪70年代末巷头木偶团再次解散后，一直以松散的业余戏班形式存在。

　　巷头木偶剧团在一次一次解散与重建中，跌跌撞撞地走到了21世纪。随着陈绍初为代表的传承人们逐渐老去，他们开始担忧，自己热爱的艺术是否已经过时，是否还能找到年轻人将它传承下去。

焕发新生

　　2006年5月20日，木偶戏经国务院批准列入第一批国家级非物质文化遗产名录。已过古稀之年的陈绍初终于不用再为了心爱的艺术单打独斗，重建木偶剧团被提上了议事日程，后继无人的问题也将一步一步解决。

　　2007年"巷头木偶戏"被认定为市级非物质文化遗产项目，2016年，陈绍初被认定为东莞市第三批市级非物质文化遗产项目代

木偶戏

表性传承人。巷头木偶剧团迎来了重要的发展节点，巷头木偶剧团第四次重建，陈绍初担任团长兼教练。

时间走到2017年，大朗木偶戏市级传承基地建立。依托基地的资源，13支全部由大学生组成的队伍参加了木偶戏剧本创作比赛，他们在传承人的指导下从零开始学习木偶表演，直到能完成一个完整的节目。陈绍初看着这一个个年轻而专注的面庞，仿佛回到半个世纪前，看着18岁就开始学艺，并用一生投入木偶戏艺术的自己。

2022年，大朗杖头木偶成功入选了广东省第八批省级非遗代表性名录。经过数年不断的探索，陈绍初带领剧团走上剧目、舞美、唱腔全面创新的道路。为木偶戏注入了新元素的同时，充分运用现代舞台语言和现代科技进行艺术表达，贴近时代精神，亲近青年观众。他们创作排演的三个现实题材新剧《东仔劝赌》《东仔还金》《梦溢书香》，广受各界好评。

新媒体时代

2022年春节，由大朗镇文化服务中心、大朗镇新时代文明实践中心、东莞市文化馆大朗分馆联合巷头社区新时代文明实践站、巷头木偶戏创作演出基地共同推出的年味直播间——"非遗传承 木偶趣享"新春特别活动在巷头社区新时代文明实践站火热进行。

大朗巷头木偶戏传承人陈绍初以及其儿子陈伟明受邀作为特别嘉宾，他们在直播间里跟大家分享了木偶戏的历史渊源，以及传承发展的历程等，还带领观众一同揭秘木偶戏的制作过程和演绎方式。

活动中，来自大朗一中的陈嘉聪和大朗中学的陈乐怡两位木偶戏学员也在直播间现场表演了木偶戏《柳毅传书》，惟妙惟肖、精彩绝伦的木偶表演获得了直播间观众的点赞和喝彩，吸引了1713人在线参与，点赞量超过6万。

这次活动的成功，标志着大朗木偶戏最终走出发展瓶颈，在新的时代利用新媒体平台闪耀着新的光辉。

非物质文化遗产无疑是中华民族宝贵的精神财富，它们中的每一项技艺都凝聚着历代中国人的智慧与热爱，有着超越时代的审美价值。一代一代传承人历经磨难，矢志不渝，我们才能拥有灿烂的文明，拥抱属于华夏民族特有的文化自信，这也是我们这个文明古国可以长盛不衰的内在源泉。

INTANGIBLE CULTURAL HERITAGE

木偶戏进校园

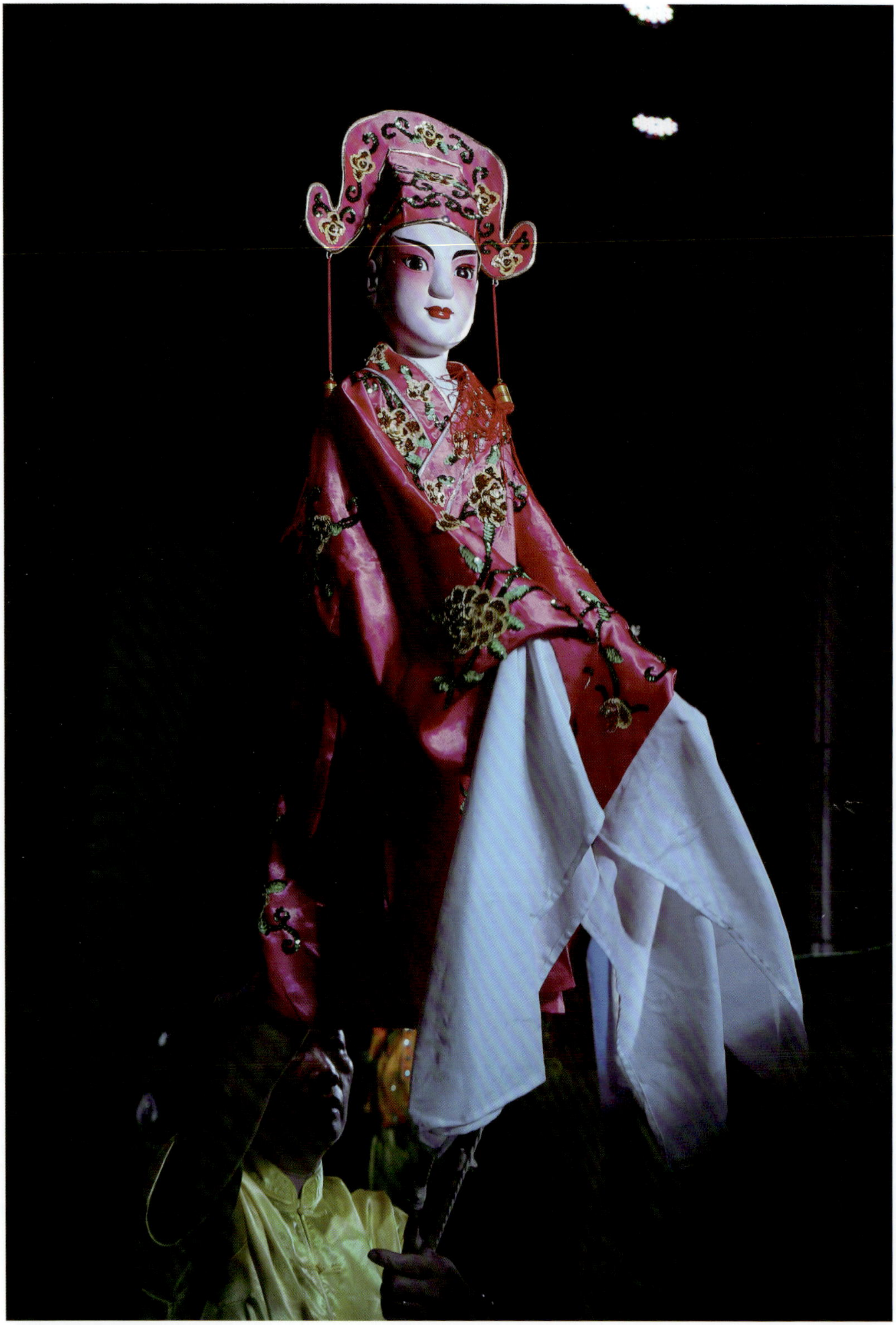

木偶戏《梦会太湖》的剧照，描写西施与范蠡的爱情故事。

木鱼歌

MU YU GE

李仲球 省级非物质文化遗产项目代表性传承人

MUYUGE
木鱼歌

漂洋过海的莞邑绝唱

  正如中华民族面对逆境总有百折不挠的坚韧，东莞的非遗传承人不愿用苦和难博人同情。因而在他们身上，总是能看到他们默默精进技艺的背影，还有关于他们身后的"江湖传说"。

生走近，礼深闺，叫句娇姿泪暗啼。
名唤书云身姓李，系我先时结发妻。
总怨家贫无抵礼，至今婵娟变所为。
……

  年迈的李仲球每每唱到这里，都会鼻腔酸楚，声音哽咽。他听这首歌有50多个年头了，诗一般的词语，加上富有感染力的旋律，让人不禁动容。这个故事和中国传统爱情故事类似，男女爱情受到世俗羁绊，个中的心酸和无奈诉不完、道不尽。

儿时，李仲球就在奶奶的哼唱声中长大。有时她在河边浣洗衣服，会忍不住哼唱几句；有时她在街坊小道里，一边择菜一边哼唱。不需要伴奏，也不需要华丽的舞台，奶奶婉转悠扬的歌声总能让幼小的李仲球感受到一种别样的静谧与安详。奶奶唱的是妇女腔，在木鱼歌中，是民间使用频率最高的一种腔调。妇女腔男女都能唱，特点是快，主要用来讲故事。

展览馆木鱼歌展项

　　木鱼歌最早是明朝晚期出现于广州及珠江三角洲地区的，于民间广泛流传。原本木鱼歌是即兴表演，或根据记忆演唱的，后来才发展出唱本，即木鱼书。木鱼书早期作品以观音行迹相关故事最为流行。到了清朝，开始有文人创作木鱼歌，除了有宗教色彩的故事及"劝世文"之类的内容外，还有爱情故事、历史故事、民间传奇等。

盲公腔，是妇女腔的升级版。由于盲人没法劳动，要赚钱养活自己，只有唱歌。盲人唱木鱼歌，往往把腔唱足，曲折、婉转，悠扬回荡。因此腔调慢，更耐人寻味。

李仲球说，木鱼歌曾经漂洋过海，在海外受到追捧，甚至大文豪歌德还与此有一段缘。

《花笺记》写的是书生梁亦沧与女子杨瑶仙、刘玉卿三人的恋爱故事。书生梁亦沧在后园中对杨瑶仙一见倾心，后以花笺唱和，私订终身，将其心愿，写入花笺，各执一纸。后梁生应试，高中探花。杨父征胡，为梁生所救。在此之前，梁父早已为亦沧聘尚书女刘玉卿为妻，梁生不肯就范，与父断绝关系。玉卿听说梁生被困身亡后投江自杀，却为人所救。梁生凯旋之日，奉旨成婚，双美团圆。故事以文言为主，不时插入岭南方言，通俗易懂却又不流俗。《中国俗文学史》说它写"少年男女的恋爱心理、反复相思、牵肠挂肚，极为深刻、细腻。文笔也清秀可喜。"作为木鱼书系列中的一本，它于19世纪从岭南传入欧洲，1824年英国人托马斯将其译成英文。

INTANGIBLE CULTURAL HERITAGE

省级非遗代表性传承人李仲球弹唱木鱼歌

1827年1月31日，歌德与爱克曼有一席著名的谈话（《歌德谈话录》）。歌德在谈话中不仅表达了他对中国文学的看法，而且提出了"世界文学"的概念，预见到"世界文学的时代已快来临"。引起这场谈话的话题是歌德当时正在读的一本《中国传奇》。这一年，德国诗人歌德78岁，距离他辞世还有5年时间。年迈的歌德在日记中写下了阅读英译本《花笺记》的感想，并将其中几首翻译成德文。歌德在《中德四季晨昏杂咏》对中国山水诗、咏物诗的摹仿颇为地道，那种中国诗人特有的把握事物的方式被运用得相当自如。有学者认为正是《花笺记》影响歌德，使他创作了《中德四季晨昏杂咏》，并在这本书中融入了无数的中国元素，引得后世人追溯他的脚步时，无法忽视这一来自中国的木鱼书。

　　现代社会音乐的形式包罗万千，各种充满魅力的舞台包装和音响，早已冲淡了木鱼歌的魅力。与以往相比，木鱼歌的魅力和吸引力的确日渐式微，那为何还要去传唱木鱼歌呢？

　　"它有普世价值观，木鱼歌里崇尚的爱情忠贞、仁义孝道符合中华民族传统文化的内涵，我们宣传它也是宣传正能量。"李仲球说。非遗并不是要把老祖宗的东西完全照搬照抄，僵硬固化地放进博物馆里，而是要让更多人参与进来一起保护、传承。

近年来，随着人们对非遗的重视程度逐渐提高，木鱼歌常亮相东坑镇"卖身节"活动和各类曲艺赛事，并且尝试通过抖音等自媒体，向社会传播推广。

李仲球于2011年被认定为广东省第二批非物质文化遗产项目代表性传承人。对李仲球而言，关于木鱼歌的记忆，就像一团火。他怀揣着火种穿越时代，哪怕风雨飘摇，也要用毕生心血为它遮风挡雨。后辈尽管本领尚浅，却不愿它熄灭，仍然郑重其事掏出口袋里仅有的火柴。唯其如此，传承的故事才能绵延不绝。

除了非遗进校园、培养传承人之外，他还尝试过与其他曲艺融合的形式，比如话剧、音乐剧、舞台剧、现代说唱等。李仲球坚信，无论时代如何变迁，人们心灵始终有共同的契合点，那就是对爱的渴望。

木鱼歌师徒表演

《甜甜蜜蜜糖不甩》剧照

DONGGUAN

INTANGIBLE CULTURAL HERITAGE

木鱼歌说唱 群星奖金奖作品《三个萝卜一个坑》演出照

粤
YUE
剧
JU

黄日辉 市级非物质文化遗产项目代表性传承人

YUEJU
粤剧

粤剧传承，铿锵前行

黄日辉说，是苦难成就了"小英雄"，也是苦难成就了他自己。唯有将生命长河中的各种激流与艰辛化为人生的滋养，待大任到来，方能依然保持名士的风骨，将厚积薄发的底蕴和优雅豁达的态度糅在一处，到达另一重人生境界。作为传承人，他始终肩负着粤剧传承的使命，在人生的波峰浪谷中铿锵前行。有了这份气度，也让粤剧传承的意义更加非凡。

与小英雄粤剧团有着相似的命运，黄日辉的一生充满崎岖艰辛，然而回首苦难他都十分豁达。只要自己尚在，他就会依然坚守在小英雄剧团里。

小时候家境贫寒，黄日辉在剧团里看着师兄师姐的表演，耳濡目染下产生了浓厚的兴趣，偷师了一段时间竟然也有模有样。碰巧"文革"，他便进入了文工团里。"文革"结束后，师父有志于重建剧团，他便自告奋勇。师父还觉得奇怪，他究竟何时学起了粤剧？

1979年，黄日辉和曾镇安结婚，曾镇安出生于粤剧世家，与丈夫黄日辉同为小英雄师门，曾经的师父也成了岳父。在旧社会，唱戏被当作是"下九流"，社会地位低下，因此师父不肯让女儿女婿从艺，他们只能去务农，施肥耕地日夜辛劳，结果不仅没赚钱还倒贴出去不少。乘着改革开放的东风，黄日辉向师父借了钱去创业办厂，由此赚到了人生第一桶金。

　　天有不测风云，人有旦夕祸福。2003年，黄日辉得了鼻咽癌。化疗后，他感觉整个世界都是飘忽的，甚至看一会儿报纸都犯困，他感到时不我待，于是跟妻子曾镇安商量，把家里的积蓄拿出来建设剧场，用来传承和发扬粤剧。开始妻子还有疑虑，在黄日辉和儿子的思想工作下，她终于理解了丈夫的选择。

　　有一次，病中的黄日辉来到正在施工的剧场，尝试性地动手搬砖。说来神奇，在烈日下劳动反而让他逐渐恢复了精气神，眼前的世界也不再飘忽。他慢慢地记起了很多往事，深感传承和发扬粤剧迫在眉睫，而这一切的关键是培养下一代。一开始，他们招不到学生，只能在亲戚朋友的孩子里做宣传，功夫不负有心人，小英雄剧团的影响力逐渐扩大，学生越来越多，黄日辉更是不惜拿出救命钱来培养小英雄剧团的学生。

　　在夫妻俩的共同努力下，2011年，小英雄粤剧纪念馆落成，在获得当地政府支持后，夫妻俩又陆续兴建了"小英雄粤剧艺术培训中心"等，采取"零基础、零收费"和公益授艺、择优保送的办学模式，传承传统的粤曲粤剧，振兴本土优秀的传统文化。2014年，黄日辉在小英雄粤剧纪念馆的基础上又将它扩建为小英雄粤剧博物馆。早在1982年，黄日辉就对师父说："有一天，我要给你建一座博物馆，让后世的人都记得小英雄粤剧。"32年之后，他终于兑现了这个承诺！

人，是衡量万物的尺度。人们谈论非遗保护与传承的时候，都会不由自主将目光转向传承人身上。而粤剧之所以拥有生生不息的蓬勃生命力，离不开像黄日辉这样热爱和执着的传承人。择一事，钟一生。正是黄日辉的坚守，才成就了一段非凡的佳话。

作为小英雄粤剧的第二代传人，黄日辉和曾镇安把粤剧曲艺传给了自己的儿子，又传给了孙女，一家三代都投身于粤剧。"粤剧不仅是一门表演艺术，其中更蕴含着孝悌忠信、礼义廉耻、仁爱和平等做人的根本，所以传承粤剧传的不仅是表演功夫，更是良好的家风家训。"黄日辉如是说。

黄日辉于2014年被认定为东莞市第二批市级非物质文化遗产项目代表性传承人。在他的引领下，越来越多小朋友了解粤剧并为其魅力所吸引，一些前来学习的小朋友看到自己化妆打扮后神气活现的样子，都不禁鼓掌拍手大笑："我好漂亮啊！"这些学员中不乏"好苗子"，他们不仅愿意学，甚至痴迷于学习不愿意离开。有些家长担心学业受到影响，不让孩子去小英雄剧团，说："你要是再去，就不给你吃饭！"孩子的回答也叫人忍俊不禁："你不给我饭吃，曾老师给我饭吃！"

粤剧本身就很有魅力，胜在唱腔独特，对于传承，黄日辉是充满信心的，但是在创新初期他也曾有过犹疑，担心为了贴近大众而丢失传统戏曲的灵魂得不偿失。最终他在保留粤剧原有精髓的基础上糅杂百家之长，形成了"百腔"，就此开宗立派。

黄日辉和妻子带着小英雄剧团上电视节目、海外表演，获得了不俗的反响。黄日辉觉得自己超越了师父，带的徒弟多、走出海外的次数也多。

采访过程中，黄日辉精神矍铄，健谈，不时会还原对话场景，对于往事历历在目，记忆犹新。他对粤剧始终抱有一份感恩之心，如果没有师父，就没有他的今天。在那样艰难困苦的岁月里，他根本无法活下来。

其实，能专注于一项事业投入全部热爱的人往往都很重情重义，阅尽人生百态，始终怀有一颗感恩之心。在粤剧团里，他三出四进，因为生计离开，又因为爱好回来。兜兜转转了许多年，黄日辉的人生离不开小英雄粤剧团。他真正印证了那句话：虽九死其犹未悔。

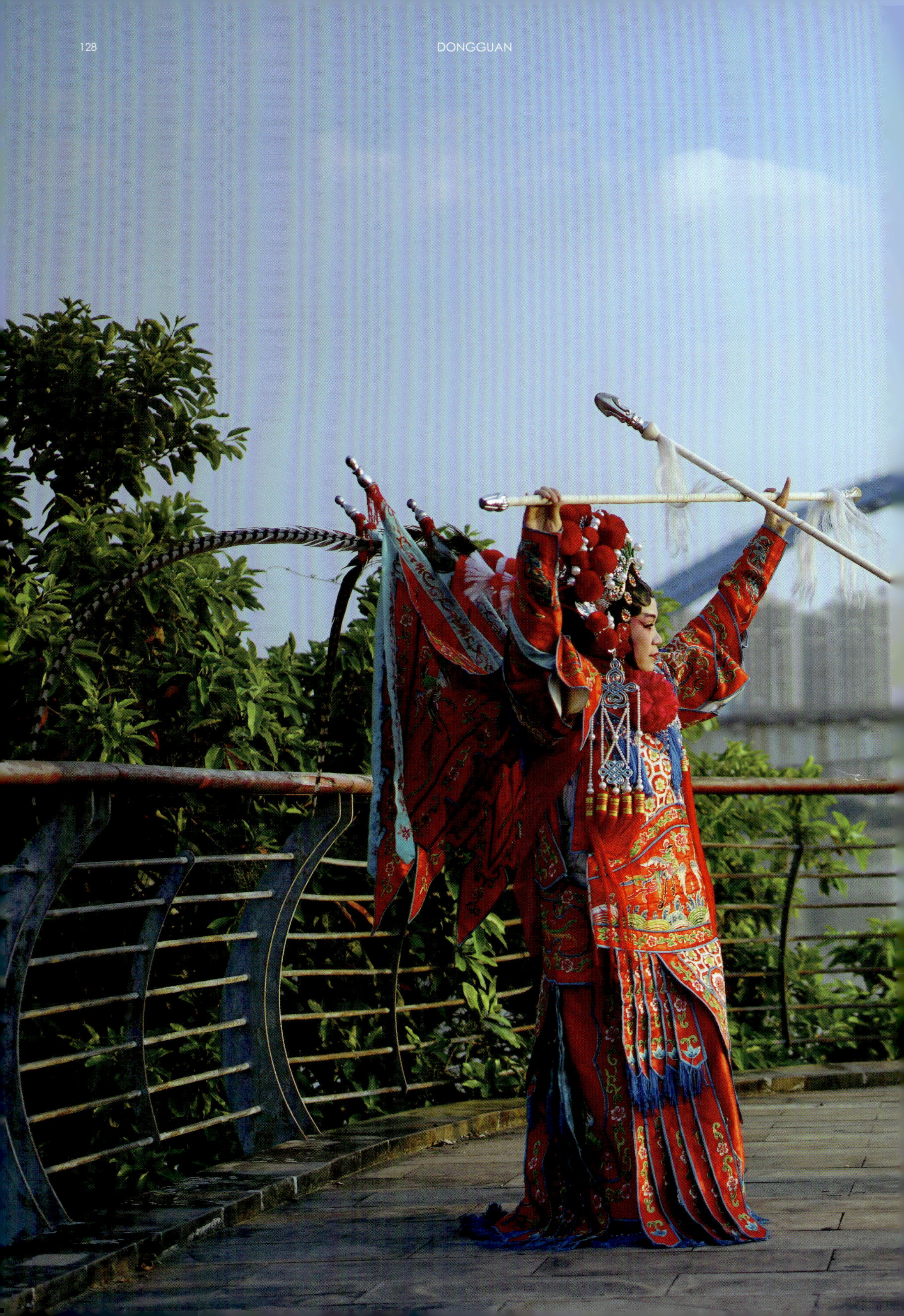

粤剧表演

INTANGIBLE CULTURAL HERITAGE

赓续

㊄

那些不能被人遗忘的非遗，
里面蕴藏着永垂不朽的精神，
如火烛般温暖苍生，
烛照人间。

麒麟舞

QI LIN WU

黄鹤林 省级非物质文化遗产项目代表性传承人

QILINWU
麒麟舞

麒麟舞里的岁月如歌

　　古老的麒麟舞为何备受现代人的推崇？这与麒麟舞本身的寓意息息相关。据黄鹤林说，麒麟舞蕴含着民间纳福迎祥的愿望和风调雨顺、国泰民安的祈求，兼具艺术观赏性与民俗寓意，这也是其经久不衰，能流传至今的重要原因。

　　有客家人的地方，必有麒麟舞。清溪镇地处莞、深、惠三市交界处，是客家人的聚居地，保存着完好的客家传统文化，清溪彩扎麒麟和清溪麒麟舞分别被纳入国家、省级非物质文化遗产保护名录。清溪也被评为"中国民间文化艺术之乡""中国麒麟文化传承基地""广东省非物质文化遗产传承基地"。

　　在客家传说中，凡麒麟踩过的地方，都会给那里的人们带来好运，故每逢传统佳节、喜庆之日，客家人都会舞起麒麟，以表达迎祥纳福，祈求风调雨顺、国泰民安的良好愿望。清溪的客家人，每逢春节或婚娶、新居落成等喜庆日子都要舞麒麟来增添喜气和祝福祥瑞。舞麒麟是清溪群众长期以来最喜闻乐见的民间艺术形式之一。舞麒麟作为清溪传统民间艺术形式，相传已有500多年的历史。

有人称客家人是"东方犹太人"，他们从中原大地出发，离乡背井，一路南下，途经江淮而进入粤、闽、赣，史诗般地在胡人侵凌、战火频仍中闯出了一片生天。东莞市清溪镇黄家班麒麟队"掌门人"黄鹤林认为，东莞的麒麟舞就是随着大批移民传播过来的。

黄鹤林说，麒麟舞就是通过舞蹈表现麒麟的喜怒哀乐、惊疑醉醒等情绪和状态的变化——就像人类一样，麒麟睡完觉以后早上要刷牙洗脸，感觉肚子饿时就去找吃的，吃饱了、玩儿够了就回住处睡觉。这个话简明扼要地概括出舞麒麟的过程。

黄鹤林是清溪铁松村人，出身麒麟世家。改革开放后，在清溪文化部门的支持下，黄鹤林组建了清溪麒麟队，出任总教练。他一路带队走进市、省乃至全国的各大赛场，摘金夺银。

INTANGIBLE CULTURAL HERITAGE

麒麟文化

黄鹤林说，清溪麒麟文化兴起后，群众的集体感、荣誉感明显加强，社会风气有了明显改善，乡亲们昔日"相夫教子""下了饭桌上麻将桌"的传统生活方式都变了。黄鹤林说，麒麟队里有不少队员曾经是"铁杆麻友""酒场老将"，现在也都撒下麻将和酒杯，舞起了麒麟。

作为清溪群众长期以来最喜闻乐见的民间艺术形式之一，麒麟舞、麒麟文化不仅影响着清溪的社会风气和生活方式，也让不遗余力推广这项非遗项目的黄鹤林顺利找到了传承人——自己的女儿黄静。

小时候的黄静，一开始并没有想做父亲麒麟舞的传承人，但在家经常听父亲说麒麟舞，幼小的她觉得这很神圣，也觉得跟自己有距离感，崇敬和想要远离两种感情在她幼小的心灵不断纠结。

后来，黄静选择了暂时远离——学习武术。只是让她没想到的是，小时候想要远离的，长大后，自己也会深深爱上。

长大后的黄静，旁观父亲教授别人时，更多地了解到麒麟舞和麒麟文化的意义，远离的想法逐渐消失，崇敬感逐渐占了上风，再加上麒麟文化多年来的浸染，她内心对麒麟舞的热爱终于被激发

麒麟舞

出来。黄静说："麒麟舞艺术不是属于哪一个人的，而是属于大家的，加上国家对非物质文化遗产的重视和关注，让我更渴望从父辈的手中接过接力棒，将清溪的客家麒麟舞发扬光大。"

正式跟随父亲学习麒麟舞之后，黄静还将自己学到的武术招式融入到麒麟舞当中，在传统和创新中传承麒麟舞。

作为省级非遗项目清溪麒麟舞代表性传承人，黄鹤林不仅以技高一筹的舞麒麟闻名遐迩，在麒麟文化艺术的传承方面，也是坚持不遗余力地言传身教，培养接班人。黄鹤林说不管是传承麒麟文化，还是参与麒麟展演活动，都是他尽己所能在做的一些"小事"来传承传统文化。

2011年，清溪麒麟舞被认定为第三批省级非物质文化遗产代表性项目。2012年，黄鹤林被认定为广东省第三批省级非物质文化遗产代表性传承人。而此前，清溪已先后成功获得"中国麒麟文化传承基地""广东省麒麟舞培训中心"等"金色文化名片"。

"为保护传承麒麟舞，我们专门制定了相关的制度办法。"黄鹤林介绍，清溪镇制定了《清溪麒麟舞保护、创新、发展规划》，在清溪文化公园建设了麒麟广场。目前，清溪共有23支麒麟队，全镇各中小学都开设了麒麟舞训练基地，麒麟舞成为各中小学校体育课的必修科目。

每个自然村也都有自己留传下来的麒麟队，而清溪麒麟队，在国内麒麟大赛中频频获大奖。在每次大型的文艺活动中，舞麒麟都是重头戏，清溪麒麟队曾多次与广东电视台合作组织大型文艺晚会，清溪麒麟舞作为开场表演在这些晚会上绽放出夺目光彩。

如今，女儿黄静也成为了麒麟文化传承路上的一员，越来越多年轻人的加入，让黄鹤林非常欣慰。他相信，未来，这项传统的非遗项目，将会更年轻，焕发出更精彩的活力。

INTANGIBLE CULTURAL HERITAGE

2007 年清溪麒麟队在澳大利亚悉尼舞动街头

2008 年清溪麒麟舞在奥地利维也纳金色大厅表演

DONGGUAN

INTANGIBLE CULTURAL HERITAGE

乡村盛事

龙 LONG
舟 ZHOU

冯沛朝 省级非物质文化遗产项目代表性传承人

LONGZHOU
龙舟

龙的传人，舟的魅力

龙舟，说到底只有两种——为别人做的和给自己做的。给人家做的始终是越快越好；给自己做的放在心里，慢慢地，越做越经得住琢磨，似乎永远有需要改进的地方。

浪漫与激情的日子

农历五月是东莞的龙舟月，根据潮汐的变化，从初一开始，东莞的各镇街就轮流举办龙舟竞渡，直到月底。

在这段日子里，东莞人的激情被彻底点燃。早上八九点，东江河道两畔早已围成了厚厚的人墙。呐喊声、欢呼声、锣鼓声沸反盈天，吆喝声铿锵有力。现场龙舟争渡，浪花激扬，划手们精神抖擞，展示出团结拼搏、激流勇进的精气神。

这是几百年来约定俗成的活动，等到峰潮与江潮初退，江面宽、水速缓的时候，各镇就会广邀龙舟，赛龙夺锦。这样的活动，东莞人叫"龙舟景"，这一天，叫作"景日"。

镇镇有景，村村有船。龙舟比赛成了每个村子里的头等大事。有的大村甚至有20多条龙舟，五六百人划船。但是职业龙舟队毕竟是少数，这些船，大半都是村民们自己训练用。20多人聚在一起，下班了就过来训练。

奋楫前行

到了这一天,冯沛朝也会站在熙熙攘攘的人群中看龙舟比赛。不过,别人看的是热闹,感受的是节日欢快的氛围。他的目光牢牢地盯在劈波斩浪、飞速行驶的龙舟上。

中堂龙舟景

据他介绍，中堂"龙舟景"民俗文化活动已有500多年历史，作为"中国龙舟之乡"和"中国龙舟文化之乡"，人们会追随节日的脚步相约到此地看龙舟。而在中堂聚集的人，又是最多最热闹的了。

做好一条龙舟，是冯沛朝最有自豪感的时刻了。

龙舟技艺的传承，已经融入冯沛朝骨血中了。他自小就跟着父亲做船，从小就耳濡目染，其父亲冯怀女是国家级龙舟制作技艺非遗代表性传承人，得授于父亲精湛的龙舟制作技艺，冯沛朝1970年便开启了造船生涯。他早年跟随父亲在中堂、万江等各村游走制作龙船，后来与父亲一同创建了"大东向造船厂"。

"那时候，不同师傅的做法不同，龙舟也没有统一标准。"回忆往事，冯沛朝沧桑的面容绽放出丝丝笑容。能够"出师"的标准就是能独立"揸尺"，到了18岁那年，他便担任大师傅，带领同行师兄弟们独立制作龙舟。

沉默寡言的父亲，并不教导，只是远远地看着他做，瞄一眼他做的龙舟，心里便有了底。冯沛朝知道，那是得到了父亲的认可。后来，在传承父亲龙舟制作技艺的基础上，他也做了许多改良。比如在原有大龙舟上做了改良，使得船员更能掌握平衡，龙舟在高速行进时也不易倾斜侧翻。

在时代中创新与流变

　　任何一项传承都要与时俱进，龙舟制作技艺也在不断精进。随着时代变迁，人们追求更轻更快的杉木龙舟。冯沛朝说，以前做龙舟的材料从格木，到松木，再到如今选用杉木；以前龙舟的底部是W形，现在改成了V型；以前是做气势磅礴的大龙舟，现在会做精致小巧的小龙舟；以前龙舟上的部件都是在外采购，现在是自己手工打磨的……

　　冯沛朝说以前的松木龙舟可以藏在河底的淤泥里保存100年，而现在的杉木龙舟三四年就要换一次，在市场经济时代下，龙舟也不可避免地具备了快消品的特性。

　　然而，变化之中，亦有不变的坚守。比如制作龙骨的技术就是一项关键的技术，龙舟的头部和尾部弯曲的弧度很重要，做工也非常讲究，龙舟头部分是拨水用的，而龙舟尾部分是泄水用的。如果

弧度不够的话，就会挡水，有阻力。

　　他每年制作龙舟数量10—20条，30多年过去了，一共制作龙舟400余条，由于其制作的龙舟吃水浅、扒水快，深受人们的追捧喜爱，主要销往广东省各个水乡，还有周边乡镇、东南亚及美国等地。冯沛朝于2020年被认定为广东省第六批省级非物质文化遗产项目代表性传承人，担负起东莞国家非遗项目"龙舟制作技艺"的传承大任，每当看到自己亲手制作的龙舟在水面上如同金鳞般起舞，如同闪电般迅猛，冯沛朝的心中别提多高兴了。

　　这些年，冯沛朝依然保持着每天早起干活，一天都在忙碌的状态。在非遗传承方面，他也走进校园讲堂，为学生传授简单的制作方法。他明显感觉到，这个时代固然需要埋头钻研的匠人，但更需要能够以创新促进传承的新非遗传承人。

2010年，他受到周边村镇制作小龙舟的启发，开始琢磨做小龙舟。一方面，制作大龙舟的时间集中在端午前，一年约忙3个月，制作小龙舟，刚好填补空档期。另一方面，小龙舟也便于收藏和展示，符合当下年轻人的喜好。

　　然而，初次试水的小龙舟并不理想，冯沛朝就耐下性子花费三四个月时间，琢磨如何做小龙舟。就制作这一块，小龙舟比大龙舟对技艺的要求更高，制作起来更伤神。要做好，做得有观赏性，必须精益求精。船体的拼缝，也就更有讲究。他制作的小龙舟与大龙舟的程序一模一样，将大龙舟等比例缩小的小龙舟非常精美，受到人们争相追捧，小龙舟工艺品制作共计300余条。根据不同人的需求，他制作的小龙舟有的长138厘米，有的长128厘米，最小的是长68厘米。

　　值得一提的是，冯沛朝制作的小龙舟被海外华人当作礼物带到了国外赠予亲朋好友。小龙舟漂洋过海，让世界看到了东莞龙舟的魅力，冯沛朝很是自豪。从最长31米的大龙舟，到现在制作最小68厘米的小龙舟。龙舟等比例缩小45倍的同时，功能性质也发生了变化，成为了愈渐受人欢迎的手工艺品。"以前的龙舟是驰骋水面的，现在也可以做成非遗文创产品，作为纪念品和装饰品，也是另一种方式的推广传播。"

　　一生坚守一艺，这便是冯沛朝的人生信仰。

制作小龙舟

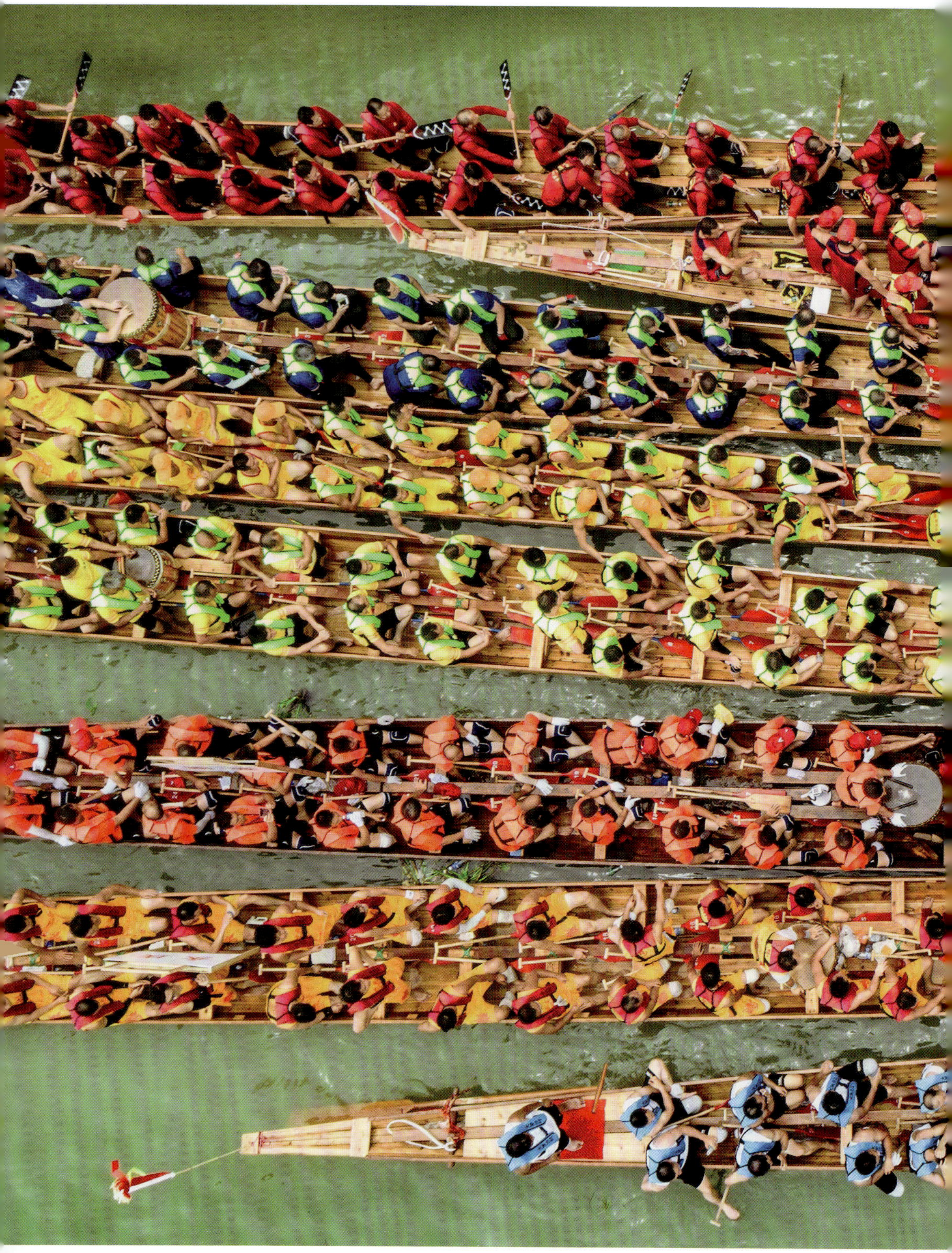

INTANGIBLE CULTURAL HERITAGE

中堂龙舟景

茶园游会

CHA YUAN YOU HUI

骆炳根 省级非物质文化遗产项目代表性传承人

CHAYUANYOUHUI
茶园游会

——

一场春季的流动盛宴

    茶园游会从过去走向未来、从口述记忆变成集体活动、从鲜为人知到进入公众视野的途中，这场发生在春天的流动盛宴，都离不开骆炳根的默默付出。

    每年这一天，茶山镇的人们像是过年一样隆重。

    "茶园游会雨淋头、石岗游会晒出油、温塘烂会年年有、寮步好会无返头"，这是流传在东莞民间的一句谚语。既道出了茶园游会期间的天气特征，也印证了游会在本土的影响力。

    只要有人好奇茶园游会，骆炳根都会很有兴致地讲解一番。1949年出生的他，自幼听村里老人说过许多茶园游会的故事，心中对其样貌有了基本的认识。这期间，他奔走在茶山镇的各个小村落，寻访乡里老人，记录下来茶园游会的各种细节。通过一点点的整理，最终拼凑出这个民俗原有的样貌。

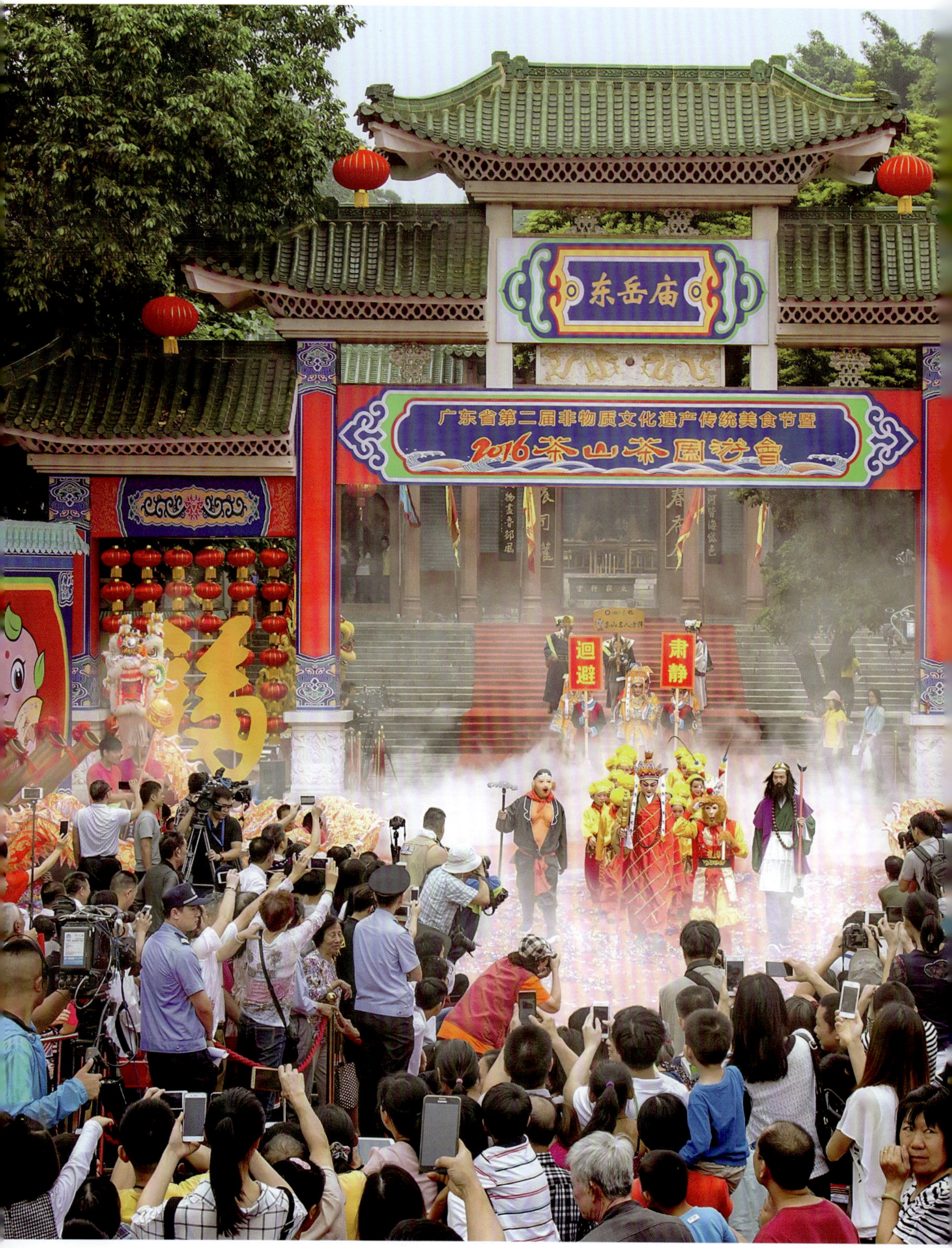
东岳庙
广东省第二届非物质文化遗产传统美食节暨
2016茶山茶園游會
迴避
肃静

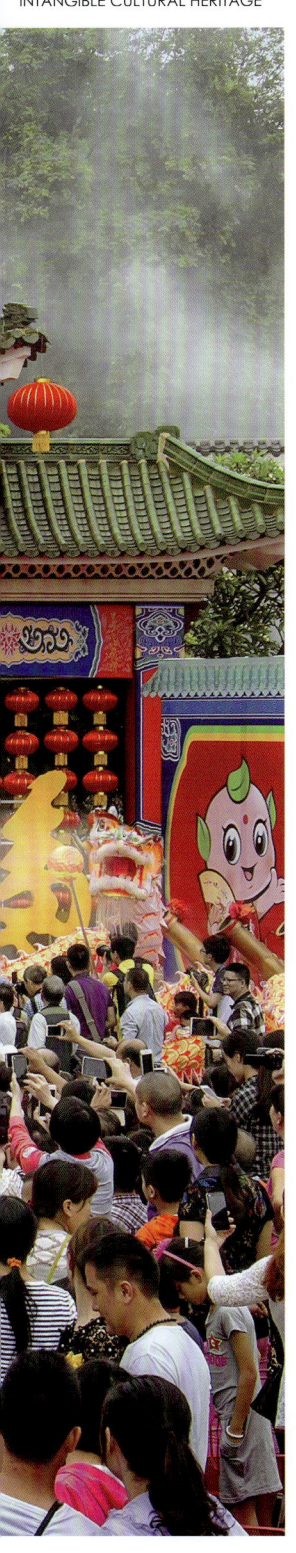

旧时茶园游会由当地各宗族里坊组织，五坊轮值，每坊值一年，周而复始。农历三月二十五日迎神日，是日凌晨东岳庙内举行道教进表科仪等祭祀仪式。拂晓前，当地各坊民众从四面八方涌入东岳庙，顶礼膜拜、焚香祈祷。日上三竿，村民们将东岳大帝神像从庙中请出祈福，谓之"摆会"。午饭之后，巡游正式开始，巡游队伍由"走菩萨队"和"表演队"等组成。

当他的脑海中完整复盘出茶园游会热闹非凡的盛况，一个想法就诞生了：何不举办一场茶园游会呢？在形式和内容上，骆炳根都做了一些新的设计。他的提议得到了大量的支持，因为祭祀用的烧猪价值不菲，所以现在的烧猪会主要有两种形式，一种是以个人名义捐款集资，以"祈福挂灯笼，游会保平安"为题，集资统一购买烧猪，待大巡游结束，就在东岳庙内分烧肉，每人约分到八两；另一种形式是村里集资共同买烧猪，待大巡游结束，将烧猪抬回村祠堂内，再分发给村民，名为祠堂分猪肉，人人有份。

2010年，骆炳根的想法终于得到了实现。这一天，他俨然是"总司令"，东岳庙前，所有的人都等候着，听他的调动和指令。他神态威严，胸有成竹。早在几天前，他就把彩扎麒麟、龙狮一一安排好走位，经过他调度安排的各种人物角色，也已经提前走位演练完毕。

茶园游会举办期间东岳庙前盛况

就在万事俱备之时，一场意外的雨到来，让众人措手不及。眼看着滂沱大雨丝毫没有停下的意思，骆炳根下了狠心，要带大家一股脑抬菩萨冲出庙。可刚抬脚出门，雨竟然骤然停了。人们在欢呼声中，热热闹闹地"走菩萨"。

"不同于全国各地的抬菩萨，说是走菩萨，其实是跑的。"骆炳根说，这也是一年一度茶园游会的重头戏。

茶园游会包含着百姓对美好生活的期盼。骆炳根介绍，在岭南民俗传说中，东岳大帝黄飞虎会庇佑风调雨顺、国泰民安。在这一天，茶山当地居民及各地游人会前来参加祭祀活动，抬出东岳大帝和民间吉祥神到镇内各地进行巡游。这天士女云集，扶老携幼，茶山巡游的街巷里，绣旗丹旌汇成彩色的河流，旗幢鼓鸣，呼声震地。

与以前茶园游会不同，现在的游行队伍中有祈福队、故事队、龙狮队、家庭队、非遗队、企业方阵等。还包括具有传统风格的抬菩萨、民艺、粤剧表演等，又添了许多新项目，突破了小村独立自办性质，深入到各个村庄，带动乡村旅游和文化产业的发展。为了扩大影响力，茶山镇邀请到了省内不同地区的代表性非遗项目参加大

INTANGIBLE CULTURAL HERITAGE 159

茶园游会祈愿纳福大巡游盛况

2017 年茶园游会期间，邀请国家级非遗代表性项目湛江人龙舞参加祈愿纳福大巡游

茶园游会祈愿纳福大巡游盛况

巡游，包括湛江人龙舞、湛江飘色、苗族长鼓舞、清溪麒麟、中山醉龙、普宁英歌等，还新添了60岁以上老人吃"万福宴"、群众舞蹈表演、道教文化展、"茶园大讲堂"讲座、美食小吃展等主题活动，熙熙攘攘，茶山春季里盛宴流动。

2017年，茶园游会规模鼎盛，吸引50万人的围观与参与，影响力可想而知了。近年来，疫情对民俗活动的影响和冲击很大。本来大规模的聚集性活动，一下子被迫取消了，人们都感到遗憾。骆炳根也想了法子，通过直播的形式面向社会传播。人们可以在手机端、云客户端上参与茶园游会。这样既有参与感，也能吸引一些年轻人的关注。

骆炳根于2020年被认定为广东省第六批省级非物质文化遗产项目代表性传承人。"我这一辈子，也知足了。"骆炳根满足地说，把一个失落民间的民俗，变成市级非遗项目、省级非遗项目再到国家级非遗项目，得益于茶山镇政府的高度重视，也源于热爱非遗的人们的共同努力。就像是散落的珍珠被拾遗补缺，茶园游会重新串联起了东莞人旧时的记忆，也承载着当代人对美好生活的向往。而茶园游会与时俱进的创新、创造就是其最好的出路之一，它在被时代不断改变的同时也改变着当代人的生活习惯与审美情趣。这便是它能历久弥新、焕发非凡魅力的原因所在。

巡游队伍参与茶园游会乡村游盛况，各地民众前来祈福

INTANGIBLE CULTURAL HERITAGE

醒狮
XING SHI

王佳滔 市级非物质文化遗产项目代表性传承人

XINGSHI
醒狮

鼓声起，雄狮跃

醒狮表演时，王茌滔把自己当作一只狮子，灵动，霸气。

早上八点，细雨微风，石排镇王氏大宗祠笼罩在静穆、神圣的烟雨中。很快，一天的训练又开始了，雨天，人容易变得倦怠。到了八点半，醒狮团团长王茌滔准时响起了锣鼓声，激昂铿锵的音乐很快溢满了祠堂，飞升到更远处。

王氏大宗祠是醒狮团日常训练的地方，也是明德醒狮团梦想的原点。

"狮子踩高桩"一个完整的套路有10分钟，表现狮子上山采青的整个过程，对队员的体能要求很高。下了雨，高桩湿滑，两个面孔稚嫩的学员就在室内训练。扎马步、腾空、单腿、双腿、过金桥……在王茌滔的指导下，他们认真完成每一个动作。有时出现失误了，他们也能及时反应，互相配合，把危险系数降到最低。

"以前这里是村子的学校,也是训练醒狮的场地。"王茬滔回忆,1995年左右,他跟村里的伙伴们看狮子表演,那威风气派的场面,让他感到震撼。当时,中坑村几个老艺人王应傍、王裕坤、王志成、王志春等发起成立了明德醒狮队("明德"二字取自《大学》开篇:'大学之道,在明明德',亦是该村宗祠"明德堂"的堂号)。鉴于原来的中坑醒狮属于传统狮舞,娱乐性和观赏性稍嫌不够。之后,他们到佛山等地学习取经,与此同时醒狮队内部也进行了改革创新,让狮舞这种古老的艺术焕发新生。对年少的他来说,能学习醒狮表演,他感觉是一份沉甸甸的荣誉。晚饭后,他就从家里赶过来学一会儿、看一会儿。一开始人很多,后来有些人因为学业等原因,都暂停了。或许是源于骨子里的热爱和执着,他是为数不多坚持学下来的。1996年,中坑明德醒狮队代表广东省参加全国第六届"群星奖"广场舞蹈大赛,表演的舞蹈"醒狮踩高桩"荣获唯一特别大奖,一时间明德醒狮声名远扬,许多海外华侨都邀请他们去表演。

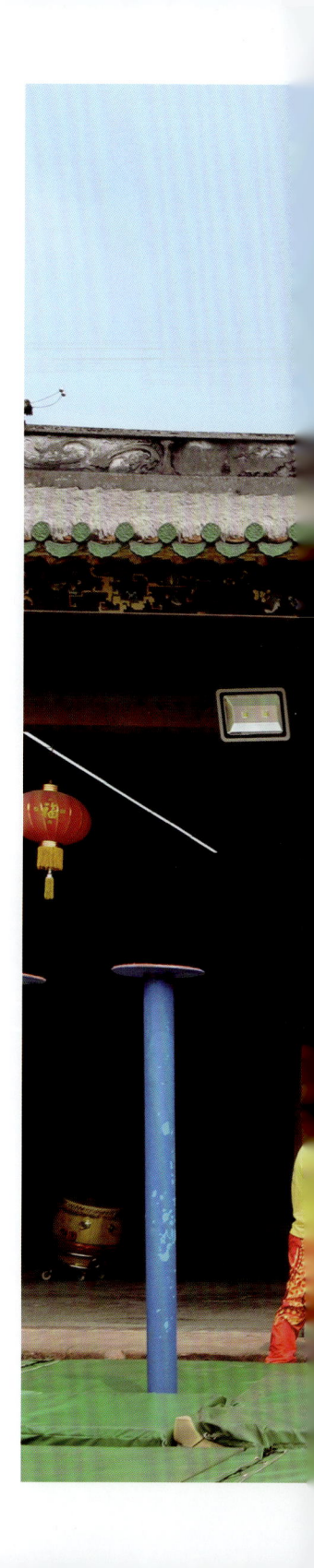

INTANGIBLE CULTURAL HERITAGE

石排明德醒狮在石排王氏大宗祠表演高桩狮

醒狮表演中的大头佛与狮子

INTANGIBLE CULTURAL HERITAGE

醒狮表演

后来，由于成家立业，生活的压力让王荏滔曾经离开过醒狮团，在外做生意。看到明德醒狮的影响力日渐式微，而广东佛山的醒狮逐渐兴起。有一回，王荏滔回到村中宗祠，发现来练习的人少了许多，他迫切地感到，是时候要振兴明德醒狮了！

2007年，随着"醒狮"入选广东省第二批省级非物质文化遗产名录，明德醒狮团迎来了人们的关注和热情。而作为非遗传承人，王荏滔的责任不光是教导学员练习舞狮，还要注重传统文化的弘扬。"醒狮代表着吉祥、喜庆和美好祝愿。千百年来，每逢重大节日或有大喜事，人们都会舞动醒狮，表达对美好生活的祝愿和追求。人们喜舞狮以示吉庆，深受群众喜爱，我想这也是能够流传至今的原因吧。"

明德醒狮团副团长王伟文说，在各地各乡村表演时，有许多乡俗要遵守。例如，那条村本来有狮队，就会有迎狮的环节，相互握手、会狮，代表过来表演助兴。而在村里游街时，沿路见到菩萨、祖庙或祠堂，一定要拜，表示来到这个地方打扰到他们，所以一定要表达礼仪。

在祠堂后面，一个阴凉的仓库里，放置着颜色各异、大小不一的狮头。王荏滔将这里戏称为"百狮洞"。王荏滔举起一个大狮头，估计重6—8斤，舞起来耗费体力。小的狮头很轻便，是给小朋友用的。"现在来学舞狮的人很多，他们大多数是当地村民，有学生，暑

假还有大学生，周末还有上班族，大家都冲着对醒狮传统文化的一种热爱加入醒狮团。"王苴滔介绍，醒狮团的学员有四五十人，他们都是无偿教学。

王苴滔说，在舞狮中，醒狮主要表现狮子喜、怒、哀、乐、动、静、惊、疑八种神态，以"采青"最为精彩。"采青"是醒狮的精髓，有起、承、转、合等过程，具有戏剧性和故事性。正因此，它对于锻炼青少年们的身体素质、团队配合、坚韧精神以及对传统文化的理解价值很大。

2019年，石排醒狮队参加新中国成立70周年盛大联欢活动，并在北京天安门广场上表演。石排镇中坑明德醒狮队与佛山南海黄飞鸿醒狮队联袂登台亮相，用精彩的动作和高超的技艺，向祖国献礼，赢得了全国观众热烈的掌声。在当晚演出的节目《大中国》中，随着音符的变化，醒狮队员们踏着鼓乐声，左腾右挪，上跃下跳，前探后视，时而威武勇猛，时而雄壮威风。舞狮人双人配合，将力度、幅度、速度、耐力等糅进技巧中，或动或静，表现狮子的雄健、威武、勇敢和力量。"这次参加新中国成立70周年联欢活动，意义重大，深感荣幸，也压力山大。"表演结束后，中坑明德醒狮队队员王炽恒心里的石头终于落下。为了献礼新中国七十华诞，包括他在内的近百人团队已经精心准备了3个多月。这次赴京表演的队员们非常年轻，最小的18岁，最大的35岁，平均年龄在20岁。在当晚的表演中，这群广东"后生仔"把南狮的精髓演绎得淋漓尽致，刚劲威猛的南狮表演得到了观众们的喜爱。近年来，石排镇立足本土文化资源优势，坚持守正创新，积极开展非遗进校园活动，让更多的青少年了解、体验醒狮，进一步壮大弘扬与传承中华优秀传统文化。

2020年，王莛滔被认定为东莞市第五批市级非物质文化遗产项目代表性传承人。醒狮文化已经流淌在王莛滔的血液之中，醒狮表演不仅仅给他带来观众的喝彩，更重要的是弘扬传统文化和醒狮精神所带来的满足感和自豪感。

值得一提的是，在东莞还有一群热爱醒狮的90后。他们自发组成"联圣堂"。醒狮进酒吧、上电视、做直播、玩抖音……人们越来越喜欢具有国潮元素的醒狮。鼓声起，雄狮跃——配合鼓点，是南狮表演的传统形式。联圣堂的队员锐意创新，大胆利用音乐、舞美、灯光及服装造型，将舞狮与音乐、电音、街舞相结合，创新编撰展演内容，创造醒狮表演多样性。

雄狮高跃

DONGGUAN

醒狮进校园

AFTERWORD
后记

领略非凡非遗，如同走进一个个非遗"元宇宙"。

大到一个片区，小到一个村落，非遗与生活、与社会紧密相关。这里有生命的延续，有记忆的温情，有时间的包容，有文化和乡愁的传递，真正能唤醒人们心灵深处的情感共鸣。正如到了东莞水乡，人们会两眼发光地说："我祖祖辈辈都划龙舟，我从小就是看着龙舟赛长大的。"在山区片那里，人们会兴奋地说："我们从小看舞麒麟长大的，舞麒麟象征着吉祥、热爱和平。"那些被标签化了的非物质文化遗产，却是由无数细节和时光交织而成的生活，平实而生动。

参天之木，必有其根；怀山之水，必有其源。在东莞，有一种传承，叫莞脉传承；有一种创新，叫守正创新。作为中华优秀传统文化的重要组成部分，非物质文化遗产是中华文明绵延传承的生动见证，是一座城市独特的文化记忆。

可以说，非遗传承，不仅是要留住东莞人的记忆和精神文脉，更向世界呈现莞邑绚烂多彩、赓续绵延的中华文明。而肩负这一重任的，正是一代代非遗传承人。在这本书中，让我们抛却都市的浮躁和喧嚣，共同倾听传承人娓娓道来的心声，格物他们的生命，感受他们身上专注、精益求精、敢于创新的"工匠精神"，感受他们毕生承载的经验与技艺，从心尖流淌，于指尖流传，在时代中流变。在他们身上，有着对自然的敬畏，对手艺的专注、执着和热爱，对成败得失的淡然，对薪火相传的笃定。他们或朴拙勤慎，光复失传技艺，张树祺说千角灯在，莞邑文化的灯就不会熄灭；或执着如一，视传承为生命，冯沛朝以龙舟制作为生命，热爱并不断钻研，小龙舟亦颇受海外华人欢迎；或匠心独运，创新进取，矮仔肠在吕衬婵的品牌管控下更受市场青睐……然，由于篇幅有限，或有笔力不逮之处，难免遗憾。

在全国非遗保护的呼声高涨时，东莞的非遗盛宴早已兴起。2016年以来，粤港澳（东莞）非遗墟市让非遗传承走向大众视野。

截至目前东莞共有市级以上非遗代表性项目名录167项，其中10项进入国家级非遗代表性项目名录、54项进入省级非遗代表性项目名录。拥有非遗代表性传承人151人（国家级代表性传承人5人、省级项目代表性传承人29人、市级项目代表性传承人117人）。拥有省级非遗传承基地9个、生产性保护示范基地2个、非遗研究基地1个。拥有市级非遗传承基地16个、市级非遗工作站13个、市级非遗在校园传习基地36个。这10年，是东莞非遗大家庭不断壮大的10年；是东莞非遗在保护传承中苏醒、在活化利用中鲜活的10年，也是东莞非遗"创造性转化、创新性发展"成效突出的10年。

越来越多的年轻人发自内心热爱非遗，自发学习非遗技艺，非遗成为"国潮"中最靓丽的色彩。2020年，搭建"粤港澳非遗墟市城际联盟"，以"购物节"形式带动生产和消费，更让人们看到非遗传承的曙光。在非遗项目实现现代转化和产业转化上不遗余力，保障非遗传承人更有尊严的生活，东莞还在继续探索。

一切过往，皆为序章。东莞将立足新的发展阶段，牢牢把握新的发展机遇，从推进文化自信自强的高度认识非遗保护传承工作，不断增强历史自觉，强化责任担当，保护好、传承好、利用好非物质文化遗产，以东莞非遗高质量发展助推东莞文化强市建设，促进东莞千万人口与城市深度融合、共生共荣，让东莞非遗在新时代绽放更加迷人的光彩！

图书在版编目（CIP）数据

非凡非遗 / 黄晓丽主编 . — 南京：江苏凤凰文艺出版社，2023.6
 ISBN 978-7-5594-7675-3

Ⅰ.①非… Ⅱ.①黄… Ⅲ.①非物质文化遗产—民间艺人—事迹—东莞—现代 Ⅳ.① K825.7

中国国家版本馆 CIP 数据核字 (2023) 第 067056 号

非凡非遗

黄晓丽 主编

副 主 编	何超群
执 行 主 编	梁宝华 龚利曦
执 行 副 主 编	黄凤琼 杨锦娜
责 任 编 辑	张婷
特 约 编 辑	李树怀 孙琛 谢嘉怡 罗晓君 林小瑜
责 任 印 制	刘巍
撰　　　稿	郑格格 冯光明
图 片 提 供	东莞市文化馆（东莞市非遗保护中心）《发现东莞非遗之美》
出 版 发 行	江苏凤凰文艺出版社
	南京市中央路 165 号，邮编：210009
网　　　址	http://www.jswenyi.com
印　　　刷	深圳市祥龙印刷有限公司
开　　　本	718 毫米 ×1000 毫米 1/16
印　　　张	12.5
字　　　数	90 千字
版　　　次	2023 年 6 月第 1 版
印　　　次	2023 年 6 月第 1 次印刷
标 准 书 号	ISBN 978-7-5594-7675-3
定　　　价	58.00 元

江苏凤凰文艺版图书凡印刷、装订错误，可向出版社调换，联系电话 025-83280257